**Paramaribo**

27/06/07

*Hennah Draaibaar*

*Cynthia McLeod*

Lees ook alle andere boeken over Suriname bij Conserve en raadpleeg onze website www.conserve.nl

Van Conserve-auteur Cynthia Mc Leod verschenen eerder bij uitgeverij Conserve de historische romans

*Hoe duur was de suiker?, Ma Rochelle Passée, Welkom El Dorado, Tweemaal Mariënburg, De vrije negerin Elisabeth* en *...die revolutie niet begrepen!* Verder een studie van Elisabeth Samson en – samen met Carel de Haseth – een boek over de slavernij *Slavernij en de memorie*

Boeken over de volgende steden van NOS-correspondenten:

*Waar is de Muur? – Verhalen over Berlijn* van Margriet Brandsma

*Moskou is een gekkenhuis* door Peter d'Hamecourt

*De magie van Rome – Wandelingen door de eeuwen heen* van Andrea Vreede

In het najaar verschijnt het vijfde deel in de reeks: *Van Brussel moet je houden – Verhalen van en over een complexe stad* door Paul Sneijder

Peter d'Hamecourt publiceert zijn tweede boek, een bundel schetsen, bij Conserve onder de titel *Russen zien ze vliegen – Een reis van communisme, via perestrojka naar Poetinisme*

In voorbereiding zijn nieuwe delen in de reeks: over Jakarta en tal van andere steden.

**Hennah C. Draaibaar
en Cynthia Mc Leod**

# *Paramaribo*

*Stad van
harmonische tegenstellingen*

Met foto's van
Luzmila Samson
en Hester Jonkhout

UITGEVERIJ CONSERVE

CIP-gegevens Koninklijke Bibliotheek, Den Haag

Draaibaar, Hennah C. en Mc Leod, Cynthia

Hennah C. Draaibaar en Cynthia Mc Leod: *Paramaribo – Stad van harmonische tegenstellingen*
Met foto's van Luzmila Samson en Hester Jonkhout
Schoorl : Conserve
ISBN 978 90 5429 237 1
NUR 321
Trefw.: Paramaribo ; Stad van harmonische tegenstellingen

© 2007 Hennah C. Draaibaar en Cynthia Mc Leod en
Uitgeverij Conserve

*Niets uit deze uitgave mag worden verveelvoudigd en/of openbaar gemaakt door middel van druk, fotokopie, microfilm of op welke andere wijze ook zonder voorafgaande schriftelijke toestemming van de uitgever.*
*No part of this book may be reproduced in any form, by print, photoprint, microfilm or any other means, without written permission from the publisher.*

# *Inhoud*

Inleiding   7

Welkom in Paramaribo   13

Fort Zeelandia en Het Park   25

De Waterkant   43

Het Onafhankelijkheidsplein en het paleis   53

De Gravenstraat, Heerenstraat en het Kerkplein   75

De Centrale Markt   97

Het stadscentrum   109

Frimangron   125

Feestdagen   133

Feesten   155

Mijn motto is: schrijven is een heel persoonlijke en zelfs intieme belevenis. Ik doe dit dus nooit met anderen. Toch was het een bijzondere en leuke ervaring om samen met Hennah dit boek tot stand te brengen. Voor herhaling vatbaar!

*Cynthia*

Bedankt
voor de liefde en vertrouwen: Gino, Eddy en Mama
voor de prettige samenwerking: Cynthia
voor het lezen: Sharlene
voor de controle van het Sranan: E. van der Hilst
voor de rust en kracht: God de Almachtige Vader

*Hennah*

## *Inleiding*

Op mijn zeventiende, ben ik voor het eerst teruggegaan naar Suriname. Het land dat ik als klein kind achtergelaten heb. Ik kan me nog heel goed herinneren dat, toen ik boven Suriname vloog en naar beneden keek, ik enorm onder de indruk was van wat ik daar beneden zag.

Het immense oerwoud. Bomen die vanuit de lucht op broccolistronken lijken en de rivieren die het land in kleine puzzelstukjes verdelen. Ik was er stil van, mijn eerste echte ontmoeting met mijn moederland.

Dat gevoel werd sterker op mijn eerste reis naar het binnenland van Suriname. Het overweldigende natuurschoon met metershoge bomen, brede, kronkelende rivieren met indrukwekkende stroomversnellingen. En dan de nacht. De betoverende geluiden die overal vandaan lijken te komen en je volledig omringen. Het regenwoud van Suriname.

Suriname is blijven trekken. Een gevoel dat nooit meer is weggegaan. De jaren die na dit eerste bezoek volgden stonden allemaal in het teken van hoe, wanneer en hoe snel kan ik weer terug, maar dan definitief. Mijn kans kwam twintig jaar later in 1997. Via het NOS Radio 1 Journaal. Ik solliciteerde naar de baan van correspondent in Suriname, werd aangenomen en mocht eindelijk in mijn geboorteland gaan wonen en werken.

Er kwam een einde aan het leven in twee werelden. Functioneren in het ene land en met je hart in het andere land zitten.

Inmiddels woon ik nu bijna tien jaar in Suriname. En er is geen moment geweest dat ik spijt heb gehad van mijn beslissing om mijn koffers te pakken en Nederland, waar ik toch meer dan dertig jaar gewoond heb, te verlaten.

Elke morgen als ik opsta en mijn terras oploop, besef ik dat iedereen ergens op deze wereld een plek heeft waar hij of zij op zijn plaats is. Waar je het gevoel hebt dat dit de plek is die je hart gestolen heeft.

Voor mij is dat *Paramaribo*, Suriname.

Hennah C. Draaibaar

Ik ben een generatie ouder dan Hennah en ben in Paramaribo geboren en opgegroeid. In de jaren 50 was het normaal om na de middelbare school voor studie naar Holland te gaan en in 1962 kwam ik na een studieverblijf van vijf jaar terug. Nu was ik niet meer alleen, want kort na ons beider afstuderen waren mijn man en ik getrouwd en beiden aangenomen door de Surinaamse overheid. Mijn kersverse echtgenoot en ik kwamen dus vol gespannen verwachting aan om ons nieuwe leven en carrière te beginnen.

De boot waarop wij aankwamen, moest vanwege het getij om drie uur in de nacht de rivier opvaren. Het zal wel die gespannen verwachting geweest zijn die maakte dat wij niet naar bed waren gegaan, maar vol belangstelling op het dek stonden te kijken hoe de boot langzaam Paramaribo binnenvoer. Die aanblik zal ik nooit vergeten, het was alsof we een sprookje binnenkwamen: eerst dat Plein met daarachter flauw verlicht in de nachtelijke schemering het witte paleis en daarna de verlichte Waterkant met die prachtige huizen. Wij waren de enige mensen die aan de reling stonden en mijn man zei zachtjes: 'Wat is dit mooi!'

Ik kon niets antwoorden, want ik was zo ontroerd dat de tranen over mijn wangen stroomden.

We zijn nu een heel leven verder in de tijd, vijfenveertig jaar, opbloei en neergang, onafhankelijke staat, militaire coup en dictatuur met alle gevolgen van dien en nu een langzaam herstel en wat mezelf betreft kinderen, carrière, weduwe, gepensioneerd en een aantal romans. Ik heb beslist niet mijn hele leven in Suriname lopen roepen dat het zo mooi was, want de omstandigheden waren heel vaak niet mooi en soms zelfs afschuwelijk en weerzinwekkend. Mensen hadden vaak verdriet, mensen hebben veel geleden! En net als de mensen leden ook de gebouwen en raakten in verval.

Lange tijd was ik niet in Suriname en als ik terugkwam, voor kortere of langere tijd, deed het pijn om dat verval en die achteruitgang te zien. Maar hoe erg dat ook was, Paramaribo is voor mij altijd de plek geweest waar ik thuis ben.

Ik verheug me dan ook over elk huis dat gerestaureerd wordt, elke straat die weer gemaakt wordt en het feit dat de historische binnenstad nu op de Werelderfgoedlijst van de UNESCO staat, beschouw ik bijna als een persoonlijk geschenk. Het is dan ook met veel genoegen dat ik binnen- en buitenlandse wandelaars meeneem op een wandeling door het historisch centrum en vertel over de geschiedenis van deze unieke plek op de aardbodem: mijn stad, Paramaribo!

Cynthia Mc Leod

*Cynthia Mc Leod en Hennah Draaibaar in gesprek op het Plein*

## *Welkom in Paramaribo*

Het moment dat de wielen van het vliegtuig de grond van de Johan Adolf Pengel-luchthaven raken, worden de passagiers onrustig. 'Wilt u alstublieft blijven zitten tot de lampjes van de stoelriemen uitgaan,' roept de purser bij elke vlucht door de intercom als enkele passagiers al pogingen doen om hun bagage uit de ruimtes boven hun hoofd te halen. Bijna elke Surinamer krijgt bij aankomst in Suriname haast. Ik heb het zelf ook. Aankomen in Suriname blijft heel bijzonder. Als je de vliegtuigtrap afdaalt, ruik je het land. Vooral wanneer er kort daarvoor een regenbui is geweest en de zon de vochtige grond opdroogt. De geur die dan opstijgt herkent iedereen. De vochtige warmte voelt aan als een moeder die haar kinderen verwelkomt.

Vroeger was er een boventerras waar familie en vrienden je stonden op te wachten. Terwijl je richting aankomsthal liep, tuurde je naar boven om te kijken of je al bekende gezichten zag. Nu met de verbouwing van de luchthaven is dit terras verdwenen. Dus haast je je naar binnen om door de paspoortcontrole te gaan.

'Goedemiddag, mag ik uw paspoort en visum,' vraagt de militaire politie als ik aan de beurt ben. Nederlands is nog steeds de voertaal in Suriname. Als voormalige kolonie is dit een van de erfenissen van het vroegere moederland. Sinds 12 december 2003 is Suriname zelfs lid van de Nederlandse Taalunie. Nederlands is de officiële taal. Maar 'officiële taal' betekent nog niet 'meest gebruikte taal' of 'belangrijkste taal'. De belangrijkste taal is het Sranan, de moedertaal van de creolen en van oorsprong de taal waarin de slaven met hun meesters communiceerden. Vroeger noemde men deze taal ook Negerengels en Takitaki, wat 'praten' betekent.

Sranan is de lingua franca, het communicatiemiddel tussen de verschillende bevolkingsgroepen die ieder hun eigen taal hebben. In Suriname zijn er behalve Sranan en Nederlands nog twintig andere talen. Maar op elk overheidskantoor, binnen het onderwijs, de media en in het parlement wordt Nederlands gesproken.

Er is nog veel meer dat herinnert aan de koloniale tijd. Dat zijn onder meer de gebouwen in de binnenstad van Paramaribo die allemaal op een fundering van rode bakstenen staan. Deze stenen werden als ballast in de schepen uit Europa meegenomen. Gevuld met goederen van de plantages ging het schip weer terug. Ook de namen van plaatsen zoals Groningen, Alkmaar en Nieuw Amsterdam die op de oude wegenwachtborden staan, bijvoorbeeld op de kruising van de Zwartenhovenbrugstraat en de Dr. Sophie Redmondstraat, pal naast het standbeeld van Kwakoe, herinneren aan de koloniale tijd.

Evenals veel familienamen, bijvoorbeeld die van de

boeren die in 1845 hun koffers pakten om als kolonist in Suriname een nieuwe toekomst te beginnen. Ze hebben namen als van Brussel, Tammenga, Loor en Veldkamp. Uit de koloniale tijd dateren ook de achternamen van veel creoolse families, zoals Bakboord, Hooplot, Mijngeluk en Draaibaar. Namen die na de afschaffing van de slavernij door de slavenhouders aan de slaven gegeven zijn.

Er zijn ook veel creoolse namen die plaatsnamen in Nederland zijn, zoals Lochem, Amstelveen, Eersel en Leerdam. Deze namen hebben een merkwaardige geschiedenis. Na de afschaffing van de slavenhandel in 1820 smokkelden Nederlanders toch slaven naar Suriname. De Engelsen controleerden heftig, hielden zulke schepen op zee aan en stuurden ze terug naar Afrika. De Engelse controleur die circa 1838 een Nederlands schip aanhield hoorde dat dit geen slaven waren maar Vrije Afrikaanse Werkers. Het schip was al heel dichtbij Suriname en werd daarom naar Paramaribo begeleid. Ook de gouverneur hield vol dat het Vrije Afrikaanse Werkers waren. Deze mensen werden tewerkgesteld in dienst van het gouvernement en werden geregistreerd als VAW'ers.

De volgende gouverneur vond dat ze een degelijke achternaam moesten hebben en gaf ze daarom allemaal een achternaam. Hij koos voor namen van steden en dorpen uit Nederland. Wie zo'n naam heeft weet dat hij van VAW afstamt.

Eenmaal weg van de luchthaven volgt er een rit in de auto over de snelweg naar Paramaribo. De snelweg, een tweebaansweg, wordt door alle verkeer gebruikt. Regelmatig moet je uitwijken voor fietsers, bromfietsers en voetgangers, omdat een fiets- en voetpad ontbreekt. Het rijden aan de linkerkant van de weg is voor veel bezoekers even wennen. De reis naar de hoofdstad duurt ongeveer een uur en wie bij daglicht aankomt, krijgt meteen contrasten van het land zien. Grote hoge wagens, SUV's die met hoge snelheid oude opgelapte wagentjes passeren. Naast de weg verkopen bewoners in provisorisch gebouwde kraampjes hun eigen oogst van fruit en groenten – keurig in hoopjes gestapeld. Richting de hoofdstad kom je langs kleine zelfgebouwde houten huisjes die soms uit niet meer dan een paar opgetrokken planken met een zinkplaat als dak bestaan, pal daarnaast staan soms enorme stenen kastelen waarvan je door de hoog opgetrokken schutting nauwelijks iets kunt zien. Het contrast is ook te zien als je langs prachtig aangelegde tuinen rijdt, terwijl er tegenover enorme lappen grond liggen waar de natuur nog gewoon de baas is. Je valt van de ene verbazing in de andere.

Hoe dichter je bij Paramaribo komt, hoe minder het landschap verandert. Huizen staan dichter op elkaar en er is meer verkeer. Op de Indira Ghandiweg rijdt vlak voor ons een kleine personenbus. Een van de lijnbussen die voor het openbaar vervoer zorgen in Suriname. Op de achterkant is de bus versierd met een rondborstige jongedame in heel weinig kleding en aan de rechterkant kijkt een rastaman met enorme lange dreads je aan met onder hem de tekst NO SPAN – maak je niet druk. Een goed advies, denk ik wanneer de bus nog geen veertig meter verder weer stopt om een passagier mee te nemen die met een beweging van haar hand duidelijk maakt dat ze mee wil. Naar een bushalte hoef je niet te zoeken. Ook niet naar een dienstrooster. Ga gewoon langs de route staan. Voor 1 srd ( 25 eurocent) mag je instappen.

Als de bus weer optrekt zien we ineens vanuit het achterraam een fles naar buiten komen en twee tellen daarna een lege plastic zak. In de goot en ook langs de straat is goed te zien dat men het hier niet zo nauw neemt met het milieu. Dat is jammer, want wie bij daglicht Paramaribo binnenkomt, krijgt niet het mooiste te zien. Maar wel de realiteit. – H.

In de tweede helft van de 19e eeuw had Paramaribo de naam dat ze een van de mooiste steden in het Caribisch gebied was. Dat is goed te begrijpen, want stoomschepen voeren al en er was behoorlijk wat scheepsverkeer in de regio. Wie als passagier of bemanningslid met een boot vanuit zee de Surinamerivier opvoer, zag in de bocht aan de rechterkant Fort Zeelandia. Dan wist men nog niet wat er te verwachten was, maar als het schip de bocht om was, zag de nieuwkomer iets bijzonders. Als een sublieme verrassing was daar het uitgestrekte groene Plein met het prachtige witte paleis, waarna de boot langs de mooie huizen van de Waterkant voer om een eind verderop bij de steiger aan te meren.

*Het befaamde hotel Torarica*

De eerste indruk moet geweldig zijn geweest en het is een waarheid als een koe: Je kunt maar eenmaal een eerste indruk maken.

Laten we aannemen dat de kersverse bezoeker in Torarica-Eco Resort Inn logeert. Dan wordt hij gewekt met gekwinkeleer van vogels. Want ze kunnen er wat van, die tropische vogeltjes. Ze zingen en jubelen naar hartelust 's morgens vroeg als de dag aanbreekt. Dat is een van de dingen die ik het meeste mis wanneer ik in Europa ben. Het geeft een thuisgevoel om wakker te worden met vogelgezang.

Als onze gast gaat ontbijten, ontdekt hij tot zijn verrassing dat hij heel dichtbij de Surinamerivier is. En dat is een echte rivier hoor, bij Paramaribo één kilometer breed.

Vóór de onafhankelijkheid leerden Surinaamse kinderen op school alles over Holland en het werd ze bijna met de paplepel ingegoten dat in Holland alles altijd groter en mooier was dan bij ons. Ze leerden over de GROTE rivieren van Nederland en maakten zich dan een voorstelling van de Rijn en de Maas, die minstens driemaal zo groot zouden zijn als hun eigen kleine Surinamerivier. Wat een ontgoocheling wanneer ze later als student in Holland, bijvoorbeeld bij Arnhem de Rijn zagen of bij Utrecht waar ze Lek wordt. 'Sân! Dat is een grote rivier? Man, dat water lijkt eerder op het Saramaccakanaal!'

Na het ontbijt gaat onze gast op eigen houtje de stad verkennen. Hij wandelt in de Kleine Combéweg, ziet al die terrasjes aan de overkant van de straat en misschien ziet hij op de terrasjes wel mensen zitten. Als het een doordeweekse dag is, zullen dat waarschijnlijk wel toeristen zijn, want de meeste Surinamers werken dan en de werkdag begint hier al om zeven uur. De wandelaar weet nog niet dat hij zich nu bevindt op de plek waar HET gebeurt op oudjaarsdag- en avond; maar daarover later meer. Hij komt langs de bloemenstalletjes en misschien ziet hij de bedrijvigheid van het bouwen van Royal Torarica, het vijfsterrenhotel dat daar zal verrijzen.

We hebben het al gezegd: Paramaribo is een stad van

harmonische tegenstellingen. Is het niet een prachtige harmonische tegenstelling waar de loop van de geschiedenis zelf voor gezorgd heeft? Dat nieuwe Royal Torarica komt namelijk op precies dezelfde plek waar twee eeuwen lang de slaven ontscheept werden. Hun vijfsterrenhotel was een houten loods waar ze op de kale vloer opgepakt naast elkaar sliepen. Hun luxe-ontbijt was 's morgens een homp brood en 's middags werden ze onthaald op wat aardvruchten en limoensap om na de mensonterende zeereis weer op krachten te komen voor de aanstaande veiling. Na de afschaffing van de slavernij werd diezelfde loods de opvangplek voor de Brits-Indische immigranten die vanaf 1873 kwamen. De plaats kreeg toen de niets verhullende naam 'Koelie-Depot'. Ook voor hen was de kale vloer het bed, maar daar zij wel wat spullen hadden meegenomen, is het best mogelijk dat er eerst een doek werd gespreid.

Over enkele maanden staat daar Royal Torarica. Het zou mooi zijn als in de hal van dat vijfsterrenhotel ergens een plaquette komt om de vroegere bestemming van deze plek te memoreren!

Over de brug van de Kleine Combéweg kan onze kersverse toerist aan zijn rechterkant een ingang zien naar de Palmentuin. Er staat altijd in boekjes over Paramaribo dat we geen parken en tuinen hebben, maar die schrijvers vergeten dan onze unieke Palmentuin, waar altijd een serene rust heerst. Maar goed, onze wandelaar ziet aan zijn linkerkant een standbeeldje, voorstellende de aankomst van May en Baab, zoals de Brits-Indische immigranten toen werden genoemd.

Daarna loopt hij langs een mooi gebouw, dat duidelijk afgeschermd is. Onze bezoeker moet maar niet al te nadrukkelijk kijken en zeker geen foto's nemen, want dan heeft hij kans dat een strenge militair naar hem toe komt en hem duidelijk maakt dat zoiets verboden is. Dat gebouw is namelijk het kabinet van de president.

En dan opeens ziet hij iets vreemds: een groot wit bakstenen gebouw of nee, een overblijfsel van een gebouw, want alleen de muren staan overeind. Ramen, deuren, dak ontbreken. Deze ruïne is wat men kent als 'Gebouw 1791'. In de koloniale tijd was dit het levensmiddelenmagazijn van het leger van de Sociëteit van Suriname. Het gebouw was zodanig op de wind neergezet dat het er binnen altijd koel en droog was. Dat was in de tropen beslist een noodzaak voor opslag van levensmiddelen. Na de opheffing van het Sociëteitsleger werd het in de 20e eeuw gebruikt als kantoorgebouw. Tot circa 1970 waren hierin het ministerie van Onderwijs beneden en boven het ministerie van Economische Zaken gehuisvest. Na 1975 was het hele gebouw het ministerie van Economische Zaken. Tijdens het militaire regiem in de jaren 80 is het in brand gestoken. (Wellicht moesten bepaalde documenten verdwijnen.) Rechts van deze ruïne, want dat is het nu, staat dichtbij de rivieroever een prachtige moderne bungalow. Hoe komt die zo opeens hier? Woont daar iemand? Nee hoor, hier woont niemand. Dit is het 'Bosje-vermaak'-gebouw, zoals de mensen het noemen, want het is in de jaren 90, toen Wijdenbosch de president was, gebouwd en daar ontving de president vaak gezelschap dat niet kwam voor zwaarwichtige staatszaken, maar meer voor al of niet luchtig vermaak.

En dan is onze bezoeker bij Fort Zeelandia, maar al vanaf veel vroegere tijden tot nu toe, zegt iedereen hier gewoon: het Fort!

Misschien is in Paramaribo wel niets zo tegenstrijdig als het Fort. De plek waar zich in de hele geschiedenis afschuwelijke zaken hebben voltrokken, maar ook mooie dingen hebben plaatsgevonden. Tja, ik denk niet dat we dit harmonisch zouden kunnen noemen.

– C.

*Overal in Paramaribo vind je historische plekjes
(foto: Hester Jonkhout)*

*Fort Zeelandia: een historische plek met een beladen geschiedenis*

## Fort Zeelandia en Het Park

Fort Zeelandia, zo genoemd door Abraham Crijnssen en zijn metgezellen uit de provincie Zeeland, die in 1667 de Engelse kolonie overmeesterden. Lord Willoughby, de man die in 1650 deze kolonie was begonnen en die in 1667 de gouverneur was, bouwde een fort, dat zijn naam droeg: Fort Willoughby. De Lord had zijn fort bewapend met twee kanonnen. Abraham Crijnssen die met drie zeilschepen kwam aangevaren had op elk schip twee kanonnen. Hij had er dus zes.

Pôti (arme) Lord Willoughby; de oorlog duurde precies één uur en toen was de kolonie Suriname, waar vijftig bloeiende suikerplantages al aardig wat geld opbrachten, in handen van Zeeland. De Zeeuwen hebben het Fort in rap tempo afgebouwd; het kreeg vijf bastions, elk met de naam van een Zeeuwse stad: Middelburg, Vlissingen, Zierikzee, Veere en Goes. Interessant is te vermelden dat de Zeeuwen onmiddellijk besloten dat ook dat plaatsje hier, dat toen nog niet de hoofdstad van Suriname was, van naam diende te veranderen. De nieuwe eigenaar, Zeeland, haastte zich dit in een missive aan het nieuwe bestuur hier mede te delen. Zoals toen gebruikelijk werd de missive in een brievenzak aan een volgend schip meegegeven. De plaatsnaam zou voortaan geen Paramaribo of Perimeribo of wat dan ook meer zijn, maar Nieuw Middelburg.

Of het schip door kapers of zeerovers is overmeesterd of misschien schipbreuk heeft geleden, dat weet men nu niet, maar in ieder geval is die missive hier nooit aangekomen en daarom bleef onze stad die melodieuze naam houden: Paramaribo. Gelukkig maar! – C.

Fort Zeelandia

'Ik heb er nog steeds moeite mee om naar binnen te gaan,' zegt een oudere vrouw tegen me, als ik naar de ingang van Fort Zeelandia loop. Niet-begrijpend kijk ik haar aan en vraag of ze hulp nodig heeft. 'Nee,' zegt ze. 'Ik kan mezelf er gewoon niet toe zetten om naar binnen te gaan. Ik denk gewoon dat ik de mensen ga horen. Mijn neefje is een van de vijftien slachtoffers van 8 december.' Ze staat tegen de buitenmuur geleund met in haar ene hand een paraplu en haar tas stevig tegen haar lichaam aangeklemd.

Ze is een nabestaande van een van de vijftien mannen die op 8 december 1982 in Fort Zeelandia zijn vermoord. En ook al is dit nu al bijna vijfentwintig jaar geleden, voor veel Surinamers blijft Fort Zeelandia een emotionele plek en hangt 8 december als een verstikkende deken over Suriname.

Het fort is in 1967 gerestaureerd en is onderdeel van het Surinaams Museum. In 1982 wordt het door de militairen overgenomen. Het wordt het hoofdkwartier (en woonplaats) van Desi Bouterse en het museum

*De gerestaureerde huizen tegenover Fort Zeelandia, in één ervan is het kantoor van museumdirecteur Laddy van Putten*

moet wijken. Sinds 1995 is het fort weer toegankelijk voor bezoekers.

De verstijfde en angstige vrouw buiten het fort staat symbool voor de manier waarop Suriname is omgegaan met de decembermoorden. De samenleving was volledig verlamd nadat bekend werd dat vijftien mannen waren omgebracht. 'Zoiets gebeurde gewoon niet in Suriname. De moorden hebben Suriname in een samenleving veranderd waar angst en wantrouwen de boventoon voert,' zegt Betty Goede van de Organisatie van Gerechtigheid en Vrede. Sinds 1987 vecht deze organisatie voor berechting van de daders van 8 december en andere mensenrechtenschendingen.

'Jarenlang is er argwaan tegenover vrienden en zelfs familie geweest. Jarenlang is er niet gesproken over deze zwarte bladzijde. Het gevolg is dat er nu een volledige generatie opgroeit die niets of nauwelijks iets weet van de militaire periode.'

Directeur Laddy van Putten van het Surinaams Museum kan zich heel goed voorstellen dat het nog steeds moeilijk is voor mensen om het fort binnen te lopen. 'Toen wij in 1995 het fort terugkregen was het nog veel erger. De angst en weerzin voor het fort was er niet alleen bij nabestaanden maar ook bij anderen. We vonden het nodig om een rituele reiniging te houden voordat het museum weer openging.'

Volgens Van Putten wordt er niet geheimzinnig gedaan over wat er allemaal in het fort gebeurd is. 'Elke zondag zijn er rondleidingen en vertellen we de Surinaamse geschiedenis. Dus ook over de militaire periode. Als we hier vragen over krijgen zijn we hier open over. Voor zover we die kunnen beantwoorden natuurlijk.'

In een cel beneden in een van de bastions van Fort Zeelandia brandt permanent een olielamp. Op een plaquette staat de tekst 'Allen die in de loop der tijd in Fort Zeelandia het leven lieten, willen we hier in stilte gedenken'. 'Dat hebben we na de heropening met nabestaanden van de decembermoorden afgesproken,' zegt Laddy van Putten. 'We vroegen ons af of er een speciaal monument moest komen. Maar de families wilden graag een monument, waar gerefereerd wordt aan alle ellende die hier in het fort heeft plaatsgevonden en niet alleen aan de decembermoorden. Je ziet wel dat er soms mensen komen die er bloemen neerleggen,' gaat hij verder. 'Dat blijft wel een emotioneel moment.

'Het museum werkt nu aan een permanente tentoonstelling in drie zalen over de geschiedenis van Suriname,' vult Van Putten aan. 'Daar komt ook de militaire periode in voor. Daar kan en mag je niet omheen.'

Het fort wordt tegenwoordig ook gebruikt als podium voor andere bijeenkomsten. Elk jaar zijn er op 1 juli activiteiten in verband met de afschaffing van de slavernij. Maar ook voor literaire en poëzie-avonden wordt het fort als locatie gebruikt. Voor toeristen blijft een bezoek aan het voormalige Hollandse verdedigingsbolwerk een must. – H.

In de beginperiode bestond Paramaribo uit het fort, het gouverneurshuis, een paar kroegen, wat magazijnen en een paar huizen. Het sociale leven speelde zich af zo'n vijftig kilometer verder de Surinamerivier op, waar toen de hoofdstad was: Torarica (waar nu het toeristenoord Overbridge is) en op de plantages die voornamelijk langs de Surinamerivier lagen.

Het fort werd in het Nengre, de taal van de slaven

van toen, Foto genoemd. Foto was berucht, want slaven konden 'lichte' straffen (tot honderd zweepslagen) op de plantage ontvangen, maar voor strengere, lees wredere, straffen moesten ze naar het fort. Als de meester of opzichter zei: 'Yu o go na Foto', dan voorspelde dat niet veel goeds. Foto was eerst dus alleen de naam voor het fort en het fort was te Paramaribo. Zo werd allengs in het Nengre 'foto' de naam voor Paramaribo. Paramaribo wordt nog steeds door iedereen DE STAD genoemd en zo werd in het voormalige Nengre en nu in het Sranan 'foto' het woord voor elke stad.

Zeeland behield haar nieuwe kolonie niet voor lange tijd. Tenslotte waren de stad Amsterdam en de West-Indische Compagnie de eigenaren van de kolonie, die vanuit Holland bestuurd werd door de Sociëteit van Suriname, die hier een gouverneur aanstelden.

In de koloniale tijd was het fort natuurlijk de plaats van de militairen, van het leger. Het leger van de Sociëteit was een huurleger. Elke arme werkeloze jongeman in Europa die het presteerde om bij een garnizoensstad in Holland te komen, kon zich daar aanmelden en dienst nemen in het leger van de Sociëteit. Je moest waarschijnlijk zestien jaar oud zijn en gezond van lijf en leden. Ik denk dat er niet meer eisen werden gesteld. De marrons maakten het de plantage-eigenaren behoorlijk moeilijk en het Sociëteitsleger moest korte metten maken met die weggelopen slaven. Het werden geen korte metten; integendeel, de arme jongens uit Europa konden nauwelijks iets uitrichten tegen de marrons. Ze waren vaak bij honderden in de kolonie en hun aantal werd stelselmatig uitgedund, niet in de eerste plaats door de marrons, maar vooral door malaria en andere tropische ziekten.

De officieren waren vaak wel in dienst van de Sociëteit en zij woonden in de mooie officierswoningen die nu nog om het fort staan. – C.

Als ik in dit deel van Paramaribo wandel is het niet moeilijk om terug te gaan in de tijd. In 2003 heb ik meegewerkt aan een docudrama voor TELEAC NOT over de slavernij van de regisseur Frank Zichem.

Dit vrij authentieke deel van Paramaribo was een perfect decor voor verschillende scènes. Figuranten in prachtige kleding liepen tussen de oude woningen en onder de oude hoge mahoniebomen door. Sommigen hadden slaven die hun parasol moesten vasthouden of op een dienblad een fles met geurwater meedroegen. Er was ook een scène met een slavenveiling op de stoep van een van de woningen tegenover het fort. De veilingmeester verkocht de net aangekomen slaven aan plantage-eigenaren, die in een grote kring om de slaven heen stonden. Vanaf een afstand volgde het toegestroomde publiek de opnamen. Op het moment dat een broer en zus apart verkocht werden en de actrice het uitschreeuwde van verdriet toen haar broertje met een andere slavenhouder meeging, werd het publiek heel emotioneel. De omgeving, de acteurs en het spel waren zo realistisch dat de toeschouwers volledig opgingen in het spel en meegenomen werden in de periode van de slavernij. Ze deden ineens mee aan de scène en schreeuwden allerlei verwensingen naar de veilingmeester en de acteurs die de slavenhouders speelden. Dat was even schrikken. Het dreigde zelfs uit de hand te lopen waardoor we de opnamen moesten stilzetten.

Later realiseer ik me dat bijna vijf generaties na de afschaffing van de slavernij Suriname nog lang niet klaar is met de gruwelijke geschiedenis en dat de effecten overal nog merkbaar zijn. Als ik mijn eigen stamboom uitzoek, blijkt ook dat het nog niet zo lang geleden is. De slavernij is in 1863 afgeschaft en er is een overgangsperiode van tien jaar afgesproken, zodat de slavenhouders niet ineens zonder werknemers op de plantages kwamen te zitten.

Mijn grootmoeder Paulina Bruyning is in 1896 geboren. Haar grootmoeder is slavin geweest die op een plantage in het district Coronie werkte. Mijn betovergrootmoeder dus. Als je op die manier terugkijkt komt mijn eigen slavernijverleden wel heel dicht bij. En zijn de emoties een stuk makkelijker te begrijpen als je voor je ogen de geschiedenis zich ziet herhalen.

In de officierswoning die gebruikt is voor de scène in de slavernijfilm zit nu een afdeling van het ministerie van Onderwijs, Cultuurstudies. Ook de andere 17e-eeuwse officierswoningen hebben na een grondige renovatie een nieuwe bestemming gekregen. Ze worden gebruikt als kantoor door verschillende organisaties. Dus kan je er niet zomaar binnenlopen.

Een uitzondering is het huis waar het Nola Hatterman-instituut in is ondergebracht. Het instituut is genoemd naar de Amsterdamse kunstenares Nola Hatterman, die in 1953 in Suriname een schildersschool oprichtte.

Het huidige instituut bestaat sinds 1985 en wordt gerund door enkele vooraanstaande Surinaamse kunstenaars zoals George Struikelblok, Marcel Pinas en Rinaldo Klas.

'Ik heb zelf nog les gehad van Nola Hatterman,' vertelt Klas. 'Een bijzondere vrouw. Ze was behalve kunstenaar en docent ook een moeder voor ons. Daarom hebben we het instituut ook naar haar vernoemd. We willen het werk dat ze begonnen is, voortzetten.'

Het instituut dat in 2005 is gerenoveerd is een kweekvijver voor nieuw talent. Kinderen die twee keer per week komen en zestig studenten waarvan de meesten binnen vier jaar afstuderen. 'Jarenlang hebben we in een bouwval gewerkt en nu weten we het verschil tussen een bouwval en een gerenoveerd pand,' zegt Klas lachend. De studenten komen met veel plezier en beter gemotiveerd naar het instituut. Kijk om je heen. Deze omgeving is toch inspirerend.' Als we naar achter lopen is er nog een enorme lap grond grenzend aan de Surinamerivier. 'Geweldig uitzicht,' zegt Klas. 'We gaan hier gebruik van maken. Het tweede project is een studio.' Hij wijst naar een klein gebouw aan de linkerkant van het instituut. Dit wordt doorgetrokken tot aan de boom. Hier gaan we keramiek, zeefdruk en beeldende kunst onderbrengen. En rechts aan deze kant komt een multifunctionele ruimte met cafés en terrasjes. Op

*Het oude gebouw van Het Park
(ex-plantagehuis Dordrecht)*

deze manier kunnen we extra geld verdienen om het gebouw te kunnen onderhouden. Over ongeveer twee jaar moet dit af zijn.'

Als je de omgeving van het fort via de Waterkant verlaat, kom je nog langs het standbeeld van koningin Wilhelmina. Het standbeeld heeft jarenlang op het voormalig Oranjeplein gestaan. Toen Suriname op 25 november 1975 een zelfstandige republiek werd, is ze verplaatst. Maar de oude Koningin heeft absoluut geen

*Het nieuwe gebouw van Het Park, thans het gebouw van de Nationale Assemblee*

klagen. Nu kijkt ze uit op de Surinamerivier, haar gezicht gericht op de monding waar vroeger in de koloniale tijd de schepen vandaan kwamen. Ze heeft volgens mij een hele mooie plek gekregen. Misschien nog wel mooier dan Jopie Pengel en Lachmon, die nu op het Onafhankelijkheidsplein staan.

Iets verder doorlopen, dan zie je aan je rechterhand het restaurant Mix Food van de familie Wolf staan. Typische Surinaamse gerechten zoals rijst met pom en pindasoep staan op hun menukaart. Het uitzicht op de Surinamerivier is ook niet verkeerd. Een goede plek om van een lekker glas gemberbier te genieten na een bezoek aan het fort. – H.

*Openingstijden fort: dinsdag t/m vrijdag 09.00-14.00 uur; zondag 10.00-14.00 uur (ook rondleidingen).*
*Restaurant Mix Food: maandag 08.00-18.00 uur; dinsdag t/m vrijdag 08.00-22.00 uur; zaterdag 12.00-22.00 uur.*

Naast het fort is nu de vergaderplaats van onze Nationale Assemblee. Eigenlijk een noodoplossing die is ontstaan toen in 1996 het gebouw van ons parlement tot de grond toe afbrandde. Slechts één item verbrandde niet: de zwarte marmeren plaat die aan de voorgevel bevestigd was en waarop in gouden sierletters de tekst van het Surinaams volkslied is gegraveerd.

Waarom werd juist dat gespaard? Wellicht om ons duidelijk te maken dat niet alles verloren was en we nog een sprankeltje hoop konden koesteren.

Waar nu dus de Nationale Assemblee is, was vroeger de Herensociëteit 'Het Park'. Meer dan honderd jaar lang was dit de verpozingplek en het centrum van het uitgaansleven van Surinames elite.

Eerst natuurlijk alleen voor blanke mannen (Surinaams blank was je ook wanneer je lichtgekleurd was) en later ook voor gekleurden. In deze kringen werd al heel gauw niet zo zeer op kleur maar veel meer op geld en maatschappelijke positie gelet. Het lidmaatschap was uiteraard alleen mannen voorbehouden en zo'n man of liever gezegd heer, moest vanzelfsprekend een aardig maandsalaris of een bloeiende business hebben. Daar zorgde de ballotagecommissie wel voor. Er staat nu een modern gebouw, maar heel lang heeft op deze plek een prachtig plantagehuis gestaan. Het plantagehuis van de plantage Dordrecht werd in 1900 afgebroken en in delen naar de stad gebracht waar het op het toenmalige Gouvernementsplein naast het Fort Zeelandia weer werd opgebouwd. Hoe dit gebouw ten slotte de Nationale Assemblee werd? Tja, ook weer zoiets; gewoon gepikt! Gestolen! Gestolen door de militaire machthebbers in 1982.

Nadat het museum uit het fort verjaagd was, concludeerden de militaire machthebbers van toen dat ze veel te dicht bij het centrum waren van diegenen die in hun ogen 'de Oude Orde' waren en tegen wie die Revo juist gericht was. Een fort is nu eenmaal de plek voor militairen, dus die heren van die sociëteit moesten maar snel verhuizen. En zo werd de Herensociëteit 'Het Park' ontruimd.

Toen Suriname weer een democratische rechtsstaat werd in de jaren 90, zal de Staat waarschijnlijk wel officieel het terrein en gebouw gekocht hebben, want na de brand van 1996 waarbij het gebouw van de Nationale Assemblee en het ministerie van Algemene Zaken afbrandden, verhuisde de Assemblee naar deze plek. Vermoedelijk is dit een noodoplossing en zal het mooie gebouw van Nationale Assemblee herbouwd worden. We weten niet of wij dat ook nog meemaken.  – C.

Het bijwonen van de vergaderingen van het Surinaamse parlement is net zoals in veel landen een bijzondere ervaring. Iedereen kan de openbare vergadering bijwonen. 'Perskaart of legitimatie,' vraagt de man die gekleed is in een bruin pak, het officiële uniform van de Surinaamse veiligheidsdienst.

De vrouwelijke collega achter me die ook voor de bijzondere vergadering is gekomen wordt niet binnengelaten. 'U hebt een te strak truitje aan,' zegt de man. 'Zo mag u niet naar binnen.' Suriname is erg formeel als het om de dresscode gaat in de officiële gebouwen. Mannen in T-shirt of overhemd zonder stropdas, vrouwen op slippers of spijkerbroeken komen het parlementsgebouw niet binnen. Mannelijke parlementsleden zijn dan ook altijd strak in het pak.

De 51 leden van deze volksvertegenwoordiging worden elke vijf jaar gekozen in algemene, vrije en geheime verkiezingen door de bevolking van Suriname. De verkiezingsperiode in Suriname is een groot evenement. Met muziek en ander vermaak probeert de politiek kiezers ervan te overtuigen op hen te stemmen. Alle partijen hebben hun eigen kleuren, verkiezingslied en eigen leuzen. 'Bouta for president. Neks no fout' was op alle bijeenkomsten van de NDP, de partij van Desi Bouterse te horen. En als je naar de bijeenkomst van de NPS van Venetiaan ging, dan zag je de aanhang helemaal in groen gekleed luisteren naar de muziek van de NPS-band onder leiding van dokter Bakker. In de verkiezingsperiode is er bijna elke dag in een wijk of district een massameeting. Ik heb altijd veel bewondering voor de aanhang. Elke avond staan ze weer voor het podium naar hun politieke leiders te luisteren.

Sommigen gaan zo in hun partijkleuren op dat ze niet alleen hun kleding aanpassen. Hele huizen worden geschilderd in de kleuren van hun politieke partij. Ik moet eerlijk bekennen dat dit niet de saaiste bijeenkomsten zijn waar je als journalist naartoe moet. Op het podium wordt door de politici flink met modder naar hun tegenstanders gegooid. Tel daar nog de muziek en het andere amusement bij dat tussen de speeches door aan je voorbijtrekt en je hebt een geweldige avond.

Zelf moet ik in verkiezingstijd heel goed nadenken wat ik aantrek. Op geen enkele manier wil je en mag je kleur bekennen, dus kies ik vaak voor het saaie zwart om te voorkomen dat je aan een politieke partij gelinkt wordt.

De vergaderingen van de Nationale Assemblee lijken ook na de verkiezingen vaak meer op voortzettingen van het verkiezingsspektakel dan op het serieus bespreken van de problemen van het land.

En als de zaken echt uit de hand lopen, worden de volksvertegenwoordigers door de altijd bij de vergadering aanwezige politie eruit gezet.

Hoewel Suriname overal in de wereld wordt gezien als het voorbeeld van de multiculturele samenleving, is tijdens de verkiezingen de verdeeldheid duidelijk zichtbaar. Hindoestanen stemmen op Hindoestanen, Javanen op Javanen en creolen op creolen.

De openbare vergaderingen van de Nationale Assemblee kunnen bezocht worden: http://www.dna.sr

– H.

*De Waterkant met prachtige historische woningen*

## De Waterkant

Vanaf het fort komt men dan bij de Waterkant, een van de oudste straten van Paramaribo. Het eerste huis, het Hoekhuis, is vanaf 1918 tot 1986 bewoond geweest door de directeur van de Alcoa, later Suralco. Sedert 1986 woont de directeur elders, want er woont praktisch niemand meer in het centrum van Paramaribo.

Mensen die veel gereisd hebben en onder andere New Orleans kennen, zien meteen een gelijkenis. Geen wonder, want de stadsarchitect Johan August Voigt, die na de brand van 1821 de nieuwe huizen ontwierp, was zeer gecharmeerd van de Louisiana-bouwstijl.

De brand van 1821 is de grootste brand die Paramaribo getroffen heeft. Ze begon op 21 januari 1821 in het keukentje op het erf van het Hoekhuis, dat toen nog met het gezicht naar het Plein stond en bewoond werd door mr. Lammens, de president van het Hof. Door de sterke wind lukte het niet om de brand te blussen, die ging verder van het ene huis naar het andere en zo brandde de hele Waterkant af, ook het café van de officieren in het kleine straatje, de mooie huizen aan de linkerkant van de Heerenstraat.

De brand duurde 22 uur en vierhonderd huizen werden in de as gelegd. Wat moet dat een allerverschrikkelijkst drama zijn geweest.

Het waren natuurlijk allemaal wel rijke plantage-eigenaren en zakenmensen die zo'n riant huis aan de Waterkant of in de Heerenstraat hadden, dus ze lieten hun huis weer opbouwen. Architect Johan Voigt ontwierp de huizen met een balkon en algauw werd een balkon hebben aan je huis, een statussymbool in Suriname. Wie rijk was, had niet meer alleen een prachtige hoge stoep, maar ook een balkon, liefst gedragen door zuilen. De huizen aan de Waterkant zijn hier een mooi staaltje van.

Het nieuwe huis van mr. Lammens werd gebouwd met de voorkant naar de rivier. Het Hoekhuis, zoals het vaak genoemd wordt, heeft ook een roemruchte geschiedenis, want mr. Lammens was niet de eerste eigenaar van het huis. Het eerste huis werd in 1745 gebouwd door de heer Strube, schoonzoon van gouverneur Mauricius. In 1772 werd het gekocht door Frederik Cornelis Stolkert, die toen de tweede echtgenoot was van Susanna Duplessis. Aha! zeggen meteen alle Surinamers, want zij kennen allen de naam Susanna Duplessis. Deze vrouw is de bekendste of, liever gezegd, meest beruchte vrouw uit de Surinaamse geschiedenis, omdat ze volgens de overlevering zo'n wrede slavenmeesteres was. Elke Surinamer kent het verhaal van haar zestienjarige mooie slavinnetje, van wie de borst werd afgesneden door de jaloerse meesteres.

De Schotse kapitein John Gabriel Stedman, die van 1772 tot 1776 in Suriname was in het leger van de Sociëteit, schreef in zijn dagboek dat hij op 1 mei 1775 tijdens een ochtendwandeling een hele drukte zag bij de Waterkant voor het huis van mevrouw Stolkert, '*where appeared the most dreadful spectacle of a beautiful young mulatto girl, floating on her back, with her hands tied behind, her throat most shockingly cut, and stabbed in the breast with a knife in more than eight or ten different places.*' In het overleveringsverhaal is de borst echter afgesneden en aan de echtgenoot in een dekschaal opgediend. Hoe dan ook, dit echtpaar leefde niet lang en gelukkig want enkele jaren later verhuisde Susanna en ging op zichzelf wonen. Na mr. Lammens bij wie het huis afbrandde, was ene Nicolaas Box de eigenaar en diens weduwe verkocht het huis aan de familie Barnett. Dat was een Amerikaanse familie die hier woonde omdat de man medeoprichter was van The Surinam-American Gold Mining Company. Ze dachten met veel materieel even een paar rivieren en kreken leeg te pompen en veel goud te vinden. Tja, er werd goud gevonden, geen klompen zoals ze hadden gedacht, maar toch wel wat. Niet genoeg om voor eeuwig hier te blijven, want in 1918 verkochten ze het huis aan de Alcoa-maatschappij die graag hier wilde zijn omdat ondertussen bauxiet was gevonden. Bauxiet, de grondstof voor aluminium, lag hier werkelijk voor het oprapen. Vanaf toen is het huis dus van de Alcoa die later een joint venture aanging met Suriname en Suralco werd.

Alle huizen aan de Waterkant zijn prachtige koloniale gebouwen, soms ook heel mooi antiek gemeubileerd zoals de Vervuurts Mansion, met een als bar ingerichte kelder, genaamd Otto's Grotto. In de tuin van de Vervuurts Mansion is nog een oude put en een heus voormalig slavenhuisje. Voorbij de hoek van de Mr. J.C. de

Mirandastraat is de Centrale Bank van Suriname, een nieuw gebouw weliswaar, dat toch mooi past tussen de koloniale gebouwen. Is het een merkwaardig toeval dat het eerste huis dat op die plek stond het woonhuis was van Maria Janz, gehuwd met Frederick Coenraad Bossche. Maria was de oudere halfzus van Elisabeth Samson en in dit huis is opgegroeid de vrije negerin Elisabeth, die zich in het derde kwart van de 18e eeuw wist op te werken tot een van de rijkste, misschien wel de rijkste vrouw van Suriname.

Iets voorbij de Centrale Bank aan de overkant staat het Waaggebouw, het eerste gebouw aan de rivierzijde. In de koloniale tijd werden van hier de koloniale producten geëxporteerd. In het Waaggebouw werden de balen en de vaten gewogen en werden de papieren voor verscheping klaargemaakt. De grote weegschaal staat er nog; die werd later ook gebruikt om groot vee te wegen voor de slacht. Slaven echter zijn er nooit gewogen, want slaven werden echt niet per gewicht verkocht! – C.

De Waterkant is waar Paramaribo vroeger maar ook nu nog flaneert. Dit stuk kade is beroemd vanwege zijn rol als ontmoetingsplaats voor de inwoners van Paramaribo. De boulevard is voorzien van semipermanente eetstalletjes waarvan de meeste recentelijk zijn opgeknapt. 'Met zicht op de Surinamerivier is dit een van de mooiste plekken waar je goed kunt eten en genieten van een lekkere dyogo (literfles Parbo-bier),' zegt Miriam Wekers. 'Het is een goede en relaxte sfeer.' Samen met haar man en een vriendin die op vakantie is, zit ze op een van de terrasjes. 'We komen voor de wind en het uitzicht. En op een of andere manier smaakt de Parbo hier het lekkerst.' Als ik aanschuif, vertelt ze dat dit een van haar favoriete terrasjes is. 'Het is altijd gezellig. Er komen veel lokale mensen en ook toeristen. En iedereen doet gewoon waar hij zin in heeft.' Ze wijst naar een man en een vrouw die dicht bij elkaar op een bank zitten. Iets verderop langs de rivier zit een groepje jongeren met drukke bewegingen en veel lachen met elkaar te praten. Op tafel staan twee dyogo's en een aantal goedgevulde glazen. 'Zie je,' lacht ze, 'dat is nu gezellig van dit bier. Je deelt het met elkaar.'

Aan een tafeltje iets verderop zit een mevrouw in haar eentje. 'Voordat ik naar huis ga, kom ik altijd hier voor iets sterks,' zegt ze als ze wijst naar het whiskyglas op tafel. 'Mijn kinderen zijn groot en hebben hun eigen leven. Voor wie moet ik me naar huis haasten? Dus in plaats van alleen daar te zitten kom ik altijd hier en praat een beetje met Muriel.' En ze wijst naar een mevrouw achter het kraampje. 'Ze werkt hier.'

Uncle Re is de eigenaar van de bekendste eettent aan de Waterkant. Hij is als schaafijsverkoper begonnen. In de regentijd, als de mensen minder schaafijs kochten, verkocht hij kleine hapjes. 'Dat sloeg heel goed aan, dus zijn we meer eten gaan verkopen en de stand hier is het resultaat.' Uit zijn bus worden potten en pannen getild die gevuld zijn met een nieuwe voorraad eten. 'Drie keer per dag wordt alles hier vers aangeleverd. Alleen zo kun je je goede naam in stand houden.' Uncle Re staat nu al 29 jaar met zijn typisch creoolse keuken aan de Waterkant. 'Zijn bruine bonen met zoutvlees,' lacht Armand, een vaste klant, 'is de beste die je hier in Suriname kunt kopen.' Zeker drie keer per week komt hij hier eten halen. 'Het is oso-nyan, alsof je het zelf hebt gekookt,' zegt hij. 'Dat vind ik prettig.' Bob Marley's *No woman no cry* komt uit de boxen en een rastaman die zijn kettingen en andere snuisterijen probeert te slijten, beweegt op de maat van de muziek.

De Waterkant is om tien uur 's avonds druk bevolkt en er hangt een goede sfeer. 'Dat is wel eens anders geweest,' zegt uncle Re. 'In de 29 jaar dat ik hier nu zit, heb ik wel het een en ander meegemaakt. Het dieptepunt waren de jaren 80. Met die avondklok en die dyugu dyugu (onrust) was er nauwelijks omzet. Met moeite hebben we ons hoofd boven water kunnen houden.'

De Waterkant is nu 24 uur per dag open. Het grootste probleem voor de standhouders is het grote aantal zwervers dat er rondhangt. 'Ze vallen de klanten lastig en daar moet nog wel een oplossing voor komen. Als dat niet gebeurt, gaan de mensen weg blijven.' Als ik hem dan toch om het recept van zijn beroemde B.B. met R. (Bruine Bonen met Rijst) vraag, lacht hij: 'Veel liefde en ervaring, dat zijn mijn belangrijkste ingrediënten.'

Wanneer je verder loopt over de Waterkant, kom je langs de Scheepvaart Maatschappij Suriname (SMS). Tegen de pier aan ligt de *Maratakka*, een veerboot die een paar jaar geleden nog volop in bedrijf was. Het verkeer dat tussen oost en west pendelde maakte van deze boot gebruik. Na de bouw van de Wijdenboschbrug is de boot niet meer nodig. Nu kun je hem huren en worden er feesten op gegeven (boottochten), terwijl hij over de Surinamerivier vaart.

'Als de boot niet vaart ligt hij aan de pier en belemmert zo het uitzicht op de rivier,' zegt Armand Ho Ka Hin, de uitbater die de keuken op het terras van de SMS-pier bestiert. 'Daar klagen de toeristen over, maar wat kan je doen? De pier is van de SMS en de boot is van de SMS, dus ze mogen ermee doen wat ze willen.'

Per toeval is de oude hofmeester hier terechtgekomen. 'Eigenlijk was dit opgezet voor Osje Braumuller, de eigenaar van Tori Oso, het literair café van Suriname, maar hij had er geen zin meer in, dus heb ik het overgenomen.' Hij leunt met zijn hoofd in een hand op een tafel en vertelt dat hij meer dan 41 jaar op de grote vaart heeft gezeten. 'Op grote schepen hoor, de *Corantijn*, de *Saramacca* en de *Coesewijne*. Allemaal schepen van de SMS met namen van de grote rivieren in Suriname. We gingen naar Amerika, Duitsland, België en Holland. Na de kapitein was ik de belangrijkste man op het schip,' zegt hij lachend. 'Ik was hofmeester en dat is belangrijk, want als mensen niet goed eten kunnen ze niet werken.'

Hij kijkt een beetje om zich heen en zegt: 'Laten we wel wezen, dit is niet de mooiste plek van Suriname. Maar als je je ogen sluit en lekker Surinaams eten wilt proeven, dan is dit de beste plek. Alles is lekker en daarom komen de mensen. Vandaag moet u blijven eten,' zegt hij, 'want ik heb mijn specialiteit klaargemaakt. Krabben. Ik ben dol op krabben. Proeft u even!'

Het contrast met het Waaggebouw dat grenst aan de SMS-pier kan niet groter zijn. Stijlvol en historisch raakt het gebouw je meteen als je binnenstapt. Met veel smaak is nagedacht over de inrichting van het gebouw waar vroeger de waren van de kolonie werden gewogen. Tegenwoordig doet het Waaggebouw dienst als grand café en galerie voor handwerkkunst. Het gebouw is midden jaren 90 door de Rotary gerenoveerd, nadat het een bouwval was geworden waar voornamelijk junkies woonden.

Botty Sanchez weet nog goed hoe het eruitzag. 'De eerste keer toen ik hier binnenkwam, was het verschrikkelijk. Een grote puinhoop. Maar ik zag de ruimte, de hoge ramen en de zuilen en was meteen verkocht.' Groot, met lange dreadlocks beweegt hij zich door de ruimte die hij gevuld heeft met zijn eigen kunst. 'Nature Art' noemt hij de kunstwerken en meubels die de inrichting van de Waag een unieke look geven. 'Het is een grand café geworden met een metropolen-uitstraling,' lacht hij. 'Iedereen zegt dat het zo bijzonder is. We hebben een eigen identiteit. Tropisch, zonder airco maar toch luchtig en gezellig.' En daar is geen woord van gelogen. De plek die de Waag inneemt in het historische Suriname is meer dan verdiend.  – H.

*Openingstijden Waaggebouw:*
*maandag t/m zaterdag 08.30-23.00 uur.*

*Het suikerfeest/Id ul Fitre begint met het gebed op het Plein*

# Het Onafhankelijkheidsplein en het paleis

Het straatje dat loopt van de Waterkant naar het Plein heeft geen naam. Er staat maar één gebouw en dat hoort bij het Hoekhuis, dat voor 1821 zelf wel met de voorgevel naar het Plein stond. De benedenverdieping van het gebouwtje was altijd een café. In de koloniale tijd was het het café van de officieren. Het was er altijd vol mannen, niet alleen de officieren van de Sociëteit maar ook de hogere manschappen van schepen die op de rede lagen en er waren altijd wel schepen.

Ruzies en vechtpartijen van dronken mannen gebeurden hier dan ook veelvuldig. In de Tweede Wereldoorlog kreeg het gebouw de naam Dixiebar, vanwege de dixielandmuziek die er altijd werd gespeeld voor de Amerikaanse militairen die hier gelegerd waren om de bauxiet te beschermen.

Het gebouw is in 1968 door de Alcoa gekocht en hoort nu dus bij het Hoekhuis. Het is nog steeds ingericht als een 19e-eeuwse bar.

Het grote groene plein met aan één kant het witte presidentiële paleis is altijd mooi en waardig. Dat is zo 's morgens vroeg, als de zon opkomt, maar ook midden op de dag in de zinderende zon of laat in de middag. Zelfs als er grote donkere wolken zich samenpakken boven het paleis omdat er een bui op komst is, is en blijft het mooi. Het Plein met het paleis is de meest gefotografeerde plek van Suriname.

Suriname wordt zoetjesaan toch een toeristische bestemming voor mensen uit Europa. Dit merken we goed en natuurlijk zijn veel van die toeristen Surinaamse Nederlanders, vaak op zoek naar hun *roots*. Meestal zijn dat enthousiaste jongelui die genieten van alles wat Suriname hun te bieden heeft, maar soms zijn er wel enkele lieden bij die vinden dat alles in Suriname achterlijk en ouderwets is. Wat denkt u van die meneer die aan een journalist een interview afstond en onder meer zei dat het toch wel tijd werd dat de binnenstad van Paramaribo gemoderniseerd werd. Dat groene plein met gras vond hij maar niks; daar moesten zo snel mogelijk maar straattegels komen! In Amsterdam zijn er op de Dam ook straattegels, meende hij en werd het geen tijd om van het plein een grote parkeerplaats te maken? In Holland deed men dat toch ook! Nee hoor, laat ons maar ouderwets en achterlijk zijn, wij houden van het Plein zoals het nu is en we willen heel graag dat het zo blijft!

Het Plein wordt omgeven door tamarindebomen. Deze bomen moeten zo'n driehonderd jaar oud zijn. De kolonisten hadden duidelijk een voorkeur voor deze statige hoge bomen. Op alle vroegere plantages zijn ze er nog steeds. De wrange vruchten worden met suiker verwerkt tot een heerlijke zoetzure limonadedrank, die ook nog heel gezond is. Thee getrokken van tamarindebladeren schijnt bloedzuiverend te werken, maar wat ons vandaag het meeste aanspreekt is wel het feit dat in de slaventijd de zwepen voor de slaven gemaakt waren van de veerkrachtige tamarindetwijgen.

Van oudsher is het Plein de plek waar mensen bij elkaar komen om welke reden dan ook. Zijn er emotionele, droevige of blijde gebeurtenissen die het hele volk raken, dan is men op het Plein. Grote manifestaties beginnen en/of eindigen hier.

En hier kan men ook de harmonische tegenstellingen zien en beleven!

In Suriname zijn de religieuze feestdagen van alle etnische groeperingen nationale feestdagen. Zo vieren wij allemaal Kerst, Id Ul Fitre, Holi Phagwa en op 1 juli de Dag der Vrijheden. De minister van Binnenlandse Zaken houdt traditiegetrouw aan de vooravond van elke nationale feestdag een speech op de televisie, waarin de betekenis van dat feest wordt benadrukt.

Enkele jaren geleden viel het einde van de ramadan, het Id Ul Fitre-feest op 19 december. Het Plein zag wit van de mensen, die allemaal in het wit gekleed daar in gebed bijeen waren gekomen. De minister van Binnenlandse Zaken, een jonge Hindoevrouw, had aan de vooravond van dit moslimfeest een prachtige ramadanspeech gehouden. Twee dagen later stond op het Plein een grote kerstboom en werd er de volkskerstzang gehouden. Weer waren de meeste mensen in het wit, nu voor het kerstfeest en de minister van Binnenlandse Zaken, de jonge Hindoevrouw, hield op kerstavond een prachtige speech. En weet je wat nog het mooiste is? Niemand in Suriname vindt dit bijzonder; iedereen vindt dit heel gewoon.

Zoals alles in de binnenstad van Paramaribo heeft ook het Plein een roemruchte geschiedenis. Het heeft veel namen gehad. In de koloniale tijd heette het Plein het Exercitieplein en exerceren was ook wat er gebeurde. De kersvers aangekomen soldaten van het Sociëteitsleger leerden op dit plein alles wat ze moesten weten om een goede militair te zijn. Later heette het plein het Gouvernementsplein. Na het statuut van 1954 kreeg het de naam Oranjeplein. Bij de Onafhankelijkheid werd het Onafhankelijkheidsplein, in de jaren 80 kreeg het van de militairen de naam Eenheidsplein en toen we weer een democratie werden, kreeg het de naam Onafhankelijkheidsplein terug.

In de 18e eeuw hielden de officieren op zondagmiddag paardrijdemonstraties op het Plein. De officieren waren gekleed in een witte broek en rood jasje en droegen een zwarte steek op het hoofd. Te paard reden ze allerlei formaties en maakten figuren. Iedereen ging op zondagmiddag naar het Plein om dit te zien en de mensen noemden deze vorm van entertainment: paardenrij. – C.

Het is een mannending, de vogeltjessport in Suriname. Bijna elke man in dit land heeft thuis een of meer kooitjes waarin een picolette, twatwa of rowtie zit. Een zangvogel. Zelf probeer ik al heel lang te ontdekken wat er zo sportief is aan de vogelsport, maar ik kan daar niet echt in slagen. Ook niet na een bezoek op zondagmorgen aan het Onafhankelijkheidsplein. Tientallen vogelkooitjes staan midden op het plein. En ondanks de enorme oppervlakte kun je de vogels goed horen fluiten. Zo op het oog lijkt het allemaal hetzelfde. Het plein is echter in verschillende afdelingen verdeeld. De soorten hangen allemaal bij elkaar. Meneer Cheng is 62 jaar en komt al jaren elke zondag naar het Onafhankelijkheidsplein. 'Ik ben een liefhebber van vogels,' lacht hij. 'Toen ik jonger was, was ik een liefhebber van vrouwen, maar dat leverde wel eens problemen op.' Het groepje mannen om Cheng heen begint instemmend te lachen en één roept dat de problemen met vrouwen voor hem nog steeds niet opgelost zijn. Want nu vindt zijn vrouw dat hij meer van de vogels houdt dan van haar.

Deze gesprekken zijn volgens Cheng de belangrijkste reden waarom hij elke zondagmorgen naar 'pleintje' komt. 'Je ontmoet alle lagen van de bevolking, komt in aanraking met de gewone man, politieke figuren en zelfs de rechterlijke macht. We praten over alles. Het plein is een sociale plaats.'

De vogelsport loopt dwars door alle lagen van de bevolking heen. Het is niet gebonden aan nationaliteit, leeftijd of maatschappelijke positie. Iedereen heeft vogels. Als je in de stad loopt, zie je ze ook bij mensen op de brommer, in de bus, naast de autobestuurder of gewoon bij mensen in de hand. Volgens Paul Woei, kunstenaar en een van de afstammelingen van de eerste generatie Chinezen die naar Suriname is gekomen, is deze vogelsport afkomstig uit China. 'Er is een verhaal over een keizer in de Ming-dynastie die zo gek was op de zang van de nachtegaal,' vertelt hij, 'dat hij de opdracht gaf deze vogels te vangen en ze te leren dat ze op gezette tijden moesten zingen. Dat is volgens mij een legende. Het was namelijk niet de keizer maar het waren gewoon de oudere Chinezen die, als ze gepensioneerd waren, verschillende hobby's hadden zoals orchideeën kweken en het houden van zangvogels. Door de immigratie van de Chinezen in 1853 heeft deze vorm van het laten fluiten of zingen van vogels zich ook in Suriname genesteld.' Volgens Woei ontdekte men in Suriname dat andere vogelsoorten beter geschikt waren om op commando te laten fluiten, zoals de twatwa, picolette en de rowtie.

Ook de traditie om met vogels naar het Onafhankelijkheidsplein te komen is volgens Paul Woei door de Chinezen geïntroduceerd. 'Na de oorlogsjaren gingen veel Chinese families naar de Waterkant om naar de zonsopgang te kijken. Vaak namen de mannen hun vogels mee. Na de zonsopgang werden de vogels op het Onafhankelijkheidsplein gezet en begon de wedstrijd.'

Dit is nu een gewoonte geworden. Elke zondag komen niet alleen Chinese mannen, maar mannen uit alle bevolkingsgroepen met hun vogels bij elkaar. Vier keer per jaar mogen de vogels het tegen elkaar opnemen. Op een afstand van vijftig centimeter worden twee kooien met in elk een vogel, aan een paal (trot) opgehangen en dan gaat het niet om de vogel die het langste fluit maar om het aantal keren dat de vogel fluit.

Samen met meneer Cheng sta ik naast zijn topper, een twatwa. Een zwarte vogel met een witte snavel. 'Hoor je dit,' fluistert hij als we naast de kooi staan. 'Dit zijn korte "slagen", daar krijg je meer punten voor dan de langere.'

Om ons heen wordt er vrolijk gekweeld, want de ene vogel wil niet onderdoen voor de andere. De vogels hebben vijftien minuten de tijd om zoveel mogelijk tegen elkaar op te fluiten. Bij iedere kooi staat een scheidsrechter (scoorder) om het aantal 'slagen' te turven. Als je vogel de meeste slagen heeft is hij de winnaar. 'Zo'n goede vogel is dan wel 10.000 euro waard,' zegt meneer Cheng.

Op het Onafhankelijkheidsplein gebeurt veel meer. De activiteiten zijn net zo gevarieerd als de Surinaamse bevolking. Al meer dan veertig jaar komen duizenden Surinamers in de dagen voor Kerst samen op het plein om kerstliederen te zingen.

Wat op mij heel veel indruk maakt is de afsluiting van Id Ul Fitre op het Onafhankelijkheidsplein. Honderden traditioneel geklede moslims zoeken een plek om drie uur lang mee te doen met het slotgebed van de ramadan. 'Allahu Akbar,' galmt het onophoudelijk uit de speakers. Families die samen aankomen, scheiden zich en gaan apart zitten. 'Broeders aan mijn linkerkant en de zusters aan mijn rechterkant,' roept een begeleider. Als de imam aan het gebed begint, trekken de vrouwen hun traditionele witte gewaden aan. Het plein verandert in een grote moskee. Een prachtig gezicht! En een nog mooiere gedachte: de vrijheid om in het openbaar te kunnen geloven.

Er worden veel feesten gevierd op het plein. Bijvoorbeeld op 1 juli, over de afschaffing van de slavernij en op 25 november, als de onafhankelijkheidsdag wordt herdacht. De spectaculaire start van de jaarlijkse Savanne Rally trekt duizenden bezoekers naar het hart van Paramaribo. Vier dagen lang trekken tientallen auto's door de binnenlanden van Suriname. Rally's worden al sinds de vijftiger jaren in Suriname gehouden. Grote bedrijven zoals Billiton, Bruynzeel en Suralco schreven toen puzzelritten uit waar je ook met de motorfiets aan mee kon doen. De officieren van de TRIS (Troepenmacht In Suriname) begonnen met de voorloper van de rally zoals hij nu gereden wordt. Zelf ben ik geen rallyrijder maar om toch de Savanne Rally mee te maken heb ik me een paar jaar geleden aangesloten bij de catering. Dat betekent vroeg opstaan en altijd als laatste naar bed. De hele dag door moeten wij de rallyrijders van eten en drinken voorzien. Voor de stoet uitrijden, kamp maken en honderden broodjes smeren of langs de Saramaccarivier *in the middle of nowhere* hamburgers bakken.

Ondanks het harde werken is het een onvergetelijke ervaring. Je komt namelijk op ongekend mooie plekjes van Suriname. Bijvoorbeeld de rally van 2005 met standplaats Berg en Dal, in de volksmond Bergi genoemd. Een voormalige plantage op ongeveer twee uur rijden van Paramaribo. Het dorp ligt aan de voet van de Blauwe Berg en vanaf de Surinamerivier heb je een geweldig uitzicht. Tijdens de slavernijperiode werd er hier naar goud gegraven, maar toen het nauwelijks iets opleverde werd het een suikerrietplantage en later een houtplantage. Na de afschaffing van de slavernij is de plantage verkocht aan de firma Kersten, die nu bezig is om de oude plantage tot een toeristenoord uit te bouwen. Behalve bungalows komen er ook voorzieningen zoals een restaurant, zwembad, een spa en gezondheidscentrum. De bestaande gebouwen, waarvan een aantal ongeveer tweehonderd jaar oud zijn, worden opgeknapt en zoveel mogelijk in de originele staat teruggebracht.

De Savanne Rally heeft nu internationale bekendheid. Rallyrijders uit Trinidad & Tobago, Barbados, Nederland en Amerika nemen regelmatig deel aan dit unieke auto-evenement dat niet om de snelste tijd gaat maar vooral om behendigheid en de rallyrijders de mooiste plekken van Suriname laat zien. De Savanne Rally wordt meestal begin november gereden.
*www.savannerally.com*
*www.surinameriverlodge.com*


Er zijn twee mannen die elke dag op het Onafhankelijkheidsplein staan. Jaggernath Lachmon, de langstzittende voorzitter van het Surinaamse parlement en 's werelds langstzittende parlementariër (*Guinness Book of Records*). In 2001 is hij tijdens een dienstreis in Den Haag overleden. Lachmon heb ik zelf van dichtbij meegemaakt. Een indrukwekkende man, die veel respect afdwong bij zijn achterban en bij veel Surinamers. Een interview dat ik met hem heb gehad over prinses Juliana staat me nog heel goed bij. Met veel eerbied en respect sprak hij over het koningshuis. Het feit dat tijdens een bezoek koningin Juliana, Hare Majesteit zelf, zijn kopje thee heeft ingeschonken, heeft grote indruk op hem gemaakt. Hij werd vanwege zijn liefde voor het Nederlandse koningshuis 'Lachmon van Oranje' genoemd. Het standbeeld op het Onafhankelijkheidsplein, dat gemaakt is door Erwin de Vries, doet hem geen eer aan. Een veel te klein beeld op een veel te grote sokkel.

Heel dicht bij Lachmon staat het beeld van Johan Adolf Pengel, gemaakt door de kunstenaar Stuart Robles de Medina. Pengel is in 1970 op 54-jarige leeftijd overleden. De creoolse politicus heeft samen met Lachmon de koers uitgezet voor het huidige Suriname. Jarenlang hebben deze twee heren, die elk leiding hebben gegeven aan een politieke partij, de verbroederingspolitiek gevoerd. Daardoor zijn er nooit grote spanningen geweest tussen de twee grootste bevolkingsgroepen, de Hindoestanen en creolen. – H.

*Literatuur:*
*Hans Breeveld – Jopie Pengel 1916-1970 – Leven en werk van een Surinaamse politicus; biografie, uitgeverij Conserve, 2000.*
*Roy Khemradj – Jaggernath Lachmon, een politiek testament, KIT Publishers, 2002.*

*Het paleis van de president*

Het meest opvallende gebouw op het Plein is natuurlijk dat sierlijke koloniale paleis. Dat is net een chique dame in een prachtige witte kanten japon. Het Paleis en het Fort zijn de oudste gebouwen van Suriname.

Het eerste paleis werd gebouwd door de eerste Engelse gouverneur, Lord Willoughby. Het paleis heeft in zijn 340-jarig bestaan wel verschillende veranderingen ondergaan, maar de basis is gebleven. Het is altijd de woning van de gouverneur geweest en in de koloniale tijd heette het gebouw 'Het gouvernement'. Zoals bekend uit onze geschiedenislessen is gouverneur Van

Sommelsdijk op de stoep van het paleis doodgeschoten door muitende soldaten.

Niet alle gouverneurs waren happy met het paleis. Gouverneur Mauricius (1742-1751) klaagde in zijn journaal heel vaak over het paleis: het dak was lek, de regenbak was gebarsten etc. Toen gouverneur Nepveu erin trok in 1770, werden weer de nodige reparaties verricht.

De galerij kwam er in 1788 bij, die werd in het midden van de 19e eeuw en daarna nog eens in het begin van de 20e eeuw vergroot. Sommige gouverneurs hebben zelf ook rigoureuze wijzigingen laten aanbrengen. Zo was er in het begin van de 20e eeuw een gouverneur die het houtsnijwerk van de pilaren ouderwets vond en alle pilaren helemaal glad en kaal liet afsnijden! De zalen en kamers zijn allemaal groot en ruim met hoge plafonds; de trap is fraai bewerkt maar voor oudere mensen toch een beetje te steil. Het vooruitstekende terras op de eerste verdieping is er pas in de jaren 20 van de vorige eeuw bijgekomen. Mijn vader was de laatste gouverneur en de eerste president. Hij veranderde niets aan het gebouw. De werkkamer met een groot antiek bureau en zeer fraaie antieke boekenkasten vond ik heel stijlvol. Helaas is alles nu verdwenen!

De privévertrekken aan de achterzijde van het gebouw kon iedere gouverneur en later de president naar zijn eigen smaak en met eigen meubelen inrichten.

Volgens de verhalen zou er een onderaardse gang zijn die aan de ene kant zou lopen naar het vroegere Statengebouw en aan de andere kant naar het Fort.

Waarschijnlijk is dit een verhaal en geen realiteit. Boven in de voorgevel prijkt nog het wapen van de Geoctrooyeerde Sociëteit van Suriname en kenners zullen daarin meteen een stukje zien van het wapen van Amsterdam. – C.

Het Paleis is nu een werkpaleis. Het wordt alleen gebruikt voor bijzondere ontvangsten.

Toen premier Balkenende op bezoek was in verband met de viering van 25 jaar onafhankelijkheid, heb ik een deel van het paleis gezien dat normaal niet toegankelijk is voor publiek.

Een groot deel van het paleis staat leeg. Ik moest meteen denken aan de verschillende plannen die wel eens geopperd zijn. Namelijk dat het weer gewoon een dienstwoning. Misschien zou de president er gewoon in moeten wonen. Want een gebouw leeft pas als er echt iets in gebeurt.

Of laat men er een museum van maken. De opbrengsten kunnen dan gebruikt worden voor het onderhoud van het paleis.

Tijdens Carifesta, een groot Caribisch cultureel festival dat in 2003 in Suriname is gehouden, is het paleis even gebruikt als museum. Verschillende kunstenaars uit Suriname en het Caribisch gebied hebben er toen geëxposeerd. Om dit blijvend te kunnen doen moet het gebouw volledig worden aangepast om de luchtvochtigheid te beheersen. Dure kunstwerken zouden door de hoge vochtigheid van het klimaat in Suriname schade oplopen.

Gelukkig maakt president Venetiaan tegenwoordig vaker gebruik van het paleis. Speciale benoemingen of beëdigingen van personen worden nu in het historisch pand gedaan.

Twee keer per jaar kan werkelijk iedereen naar het paleis. Tijdens de volksreceptie op Onafhankelijkheidsdag, 25 november of op 1 juli, de Dag der Vrijheden, wanneer de afschaffing van de slavernij wordt herdacht. In de grote ontvangstkamer in de rechtervleugel van het paleis mag iedereen de president feliciteren met de viering van 'Srefidensi' (onafhankelijkheid) of keti koti (afschaffing van de slavernij. Lett. de ketenen zijn verbroken). In de paleistuin vind je een vrolijke mengelmoes van Surinamers die op die dag bijna allemaal traditioneel gekleed zijn. De politiekapel zorgt voor toepasselijke muziek en het is niet ondenkbaar dat je op die dagen ministers en andere hoogwaardigheidsbekleders ziet zweten op de dansvloer omringd door de gewone man van de straat. Op deze nationale feestdagen is iedereen welkom.

In 1995 heeft Hans van Mierlo, toen minister van Buitenlandse Zaken, de restauratie van het paleis namens de Nederlandse regering als cadeau aangeboden. Een cadeautje in verband met twintig jaar onafhankelijkheid.

Precies achter het presidentieel paleis ligt de Palmentuin.

Hoewel ze voor iedereen toegankelijk is hoort de Palmentuin officieel nog steeds bij de tuin van de pre-

*Palmentuin, officieel hoort het nog steeds bij de tuin van de president*

sident. Als we er doorheen lopen, hoor ik het wuiven van de palmen. Het geluid is zo dominant dat het lijkt alsof de tuin volledig afgesloten is van alle verkeer. 'Het zijn koningspalmen,' zegt Stewart Orasi van hotel Torarica. 'Samen met de Henk Vos-stichting, het bedrijfsleven en de overheid hebben we een stichting opgezet om ervoor te zorgen dat de tuin niet verdwijnt.' En dat is hard nodig, want van de ruim 1100 palmen is nog maar 13 procent gezond. De andere palmen zijn aangetast. Zeker 25 procent verkeert in zo'n slechte staat dat die eigenlijk liever vandaag dan morgen moeten worden omgekapt.

Dat de bomen niet gezond zijn kun je ook als leek zien. Er is veel mosgroei en in de palmen groeien verschillende parasieten.

'Je ziet gewoon welke zijn aangetast. Een heleboel van de palmen worden leeggegeten door termieten,' zegt Orasi als hij naar een boom wijst die vol grote gaten zit en elk moment kan omvallen.

'Deze dode bomen zijn een gevaar voor de mensen die hier rondlopen.' En om de woorden van Orasi kracht bij te zetten valt een stuk van de boom waar we naast staan precies voor onze voeten neer.

Tegenwoordig wordt de Palmentuin vooral gebruikt voor verschillende activiteiten. Nationale feestdagen zoals 1 juli en 25 november, zorgen ervoor dat er duizenden bezoekers naar de tuin komen. Op die dagen komt de tuin volledig tot leven en gaat het feest tot in de late uurtjes door.

Op andere dagen kun je de Palmentuin in de avonduren beter mijden. De plek is dan het terrein van zwervers en junkies die voor veel overlast zorgen. 'Dat is jammer,' zegt Orasi. 'Nu moeten we de toeristen die bij ons in het hotel logeren afraden om hier te komen. Terwijl het een van de oudste monumentale plekken is. Ons cultureel erfgoed, echt jammer.'

De stichting gaat er vanuit dat als alle plannen rond zijn en de tuin weer in haar oude luister is hersteld, dit een van de mooiste plekken van Paramaribo zal zijn. 'De tuin moet een oase van rust blijven, er moet ergens een plek zijn waar de toeristen zich terug kunnen trekken en nog kunnen genieten van wat wij hebben. Een voorbeeld voor de wereld,' lacht hij. 'Palmen zo midden in de binnenstad.' Verlichting en bewaking moeten ervoor zorgen dat de veiligheid gegarandeerd is. 'Zo wordt de tuin weer een plek waar mensen zich kunnen verpozen. Dat moet ook allemaal verantwoord zijn op een heel structurele manier en passend in de atmosfeer van de tuin zodat de palmen niet verstoord worden. We moeten niet uit het oog verliezen dat het nog altijd de achtertuin van de president is.'

Er natuurlijk van de vaste bewoners. Hij wijst naar boven waar net vier apen van de ene boom naar de andere springen. Ze zitten hier al jaren en doen niemand kwaad. Zij hebben hun plek gevonden in deze prachtige tuin.

– H.

Aan de westzijde zijn er drie gebouwen die het Plein begrenzen en die het ook tot een echt plein maken. Iedereen ziet meteen dat het drie heel verschillende gebouwen zijn, maar dat ze desondanks wel in harmonie zijn met elkaar en met het Plein. Het witte houten gebouw dateert van circa 1730 en is een prachtig staaltje van de typisch Surinaamse plantagehuis-bouwstijl. Willem Gerard van Meel was de eerste eigenaar. Hij was zelf raadslid en een broer van een van de directeuren van de Sociëteit in Amsterdam.

Op het eind van de 18e eeuw werd het bewoond door Susanna Duplessis, die in 1783 in het huis trok, omdat ze niet meer met haar man Frederick Stolkert wilde wonen. Zij overleed in 1795 en daarna is het huis gekocht door het gouvernement. Het werd toen het kantoorgebouw van de secretaris van de kolonie en werd genoemd 'De Secretarie'. Die functie had het ruim 150 jaar, tot de eerste Algemene Verkiezing in 1948. De Secretarie werd toen het ministerie van Binnenlandse Zaken, dat tot 1994 in dit gebouw gezeten heeft. Daarna werd het gerestaureerd en in de oorspronkelijke staat teruggebracht en nu zetelt de milieuorganisatie NIMOS hier.

Het gebouw op de andere hoek was eerst ook een mooi koloniaal huis, eigendom van Anna Du Four, die een van de beruchte tegenstanders van gouverneur Mauricius was. Haar laatste echtgenoot was baron von Wangenheim. Nadat ze was overleden kocht het gouvernement dit gebouw als vergaderplaats voor het Hof van Politie en Criminele Justitie, het hoogste gezag in

Suriname. De raadsleden van dit hof droegen in de uitoefening van hun functie een rode toga en daarom kende men hen als 'Het Rode Hof'. Dit Hof had eerst geen eigen gebouw; de wekelijkse vergaderingen werden gehouden in een gebouw waarin op de bovenverdieping de hervormde kerk was, maar allengs vond het gouvernement dat het hoogste gezag in de kolonie toch een waardiger gebouw verdiende en daarvoor kocht men het vroegere woonhuis van Anna Du Four. Na een poos bleek dat de onderste balken verrot waren en men besloot het houten gebouw te vervangen door een rood bakstenen gebouw, in de stijl van een Amsterdams koopmanshuis. Alles wat mooi en waardevol was aan het oude gebouw, behield men, zoals die mooie trapstoep van grijze Mechelse leisteen. De trap was nu echter niet meer hoog genoeg en daarom kreeg ze aan de onderkant extra treden van rode baksteen. Ook de mooi gedraaide smeedijzeren trapleuning werd behouden, evenals de ramen en de deuren. Gouverneur Frederici legde de eerste steen voor de nieuwbouw in 1795. Een steen met inscriptie, nu aan de binnenkant van dit gebouw op de eerste verdieping, herinnert aan dit feit: 'Gouverneur Frederici met goed beleid, heeft van dit gebouw de eerste steen geleid'.

Toen de twee gebouwen op de hoeken eigenlijk gouvernementsgebouwen waren geworden, verdwenen de slavenhuisjes die bij de gebouwen hoorden. Zo ontstond er een open plek. Gouverneur baron van Heeckeren vond dat op die plek een echt stadhuis moest komen en gaf de opdracht aan architect Voigt, die een prachtig Zuidelijk Amerikaans landhuis à la Tara uit *Gone with the Wind* ontwierp. Echter zonder toren. Dat was niet naar de zin van de echtgenote van de gouverneur, baronesse van Heeckeren. Volgens haar was een stadhuis zonder toren onmogelijk; er moest een toren op. Ze kreeg haar zin, maar was desondanks niet tevreden, want de toren was niet hoog genoeg. Dit gebouw is vanaf het begin in 1833 echter het gebouw van Financiën geworden en zo dankt Paramaribo de toren van Financiën dus aan baronesse van Heeckeren.

In het fronton van de voorgevel ziet men in een lauwerkrans iets als een groot medaillon. Daarin een beeltenis van koning Willem III. Dit eerbetoon kreeg de koning in 1913 bij de 50e herdenking van de afschaffing van de slavernij. De bevolking van Suriname bestond voor het grootste deel uit heel arme mensen, van wie verwacht werd dat ze toch een bijdrage zouden leveren om die koning alsnog te bedanken voor het feit dat hij zijn handtekening in 1863 onder die emancipatieakte had geplaatst.

Het moet me van het hart dat er wel een gebouw is dat het Plein ontsiert. Dat is het zogenaamde congresgebouw, opgetrokken uit groen staal en glas. Het gebouw zelf is misschien niet lelijk, maar het past absoluut niet op deze plek, zo geperst tussen de historische gebouwen. Waarom het hier staat? Ach ja, het was de wens van de toenmalige president Wijdenbosch, die in 1998 de hoofden van de Caricom-landen hier in congres bijeen had en dus een nieuw gebouw wilde.  – C.

*Het torentje van het ministerie van Financiën, voor het beeld van oud-minister-president Jopie Pengel (1916-1970)*

*De kathedraal, op de plek waar in 1750 het mooiste huis van Suriname stond*

# De Gravenstraat, Heerenstraat en het Kerkplein

In de tijd dat Lord Willoughby het paleis bewoonde had Paramaribo of Parmorbo zoals het toen heette behalve het Plein slechts twee wegen, de Waterkant en een weg die naar het huis van de Lord leidde. Iedereen noemde die weg 'The Lord's Road', want de Lord reed elke dag op zijn paard over die weg naar zijn huis en de Lord's Road werd door de Zeeuwen vertaald in de Straat van de Graaf oftewel 'Gravenstraat'.

De eerste plantage-eigenaren woonden op hun plantages, aan de bovenloop en middenloop van de Surinamerivier en aan de Commewijnerivier en zo'n veertig kilometer landinwaarts aan de Surinamerivier lag het hoofdstadje Torarica met een honderdtal huizen en een kerk.

In 1685 werd in Frankrijk het Edict van Nantes, dat alle godsdiensten erkende, opgeheven en Frankrijk werd weer een katholiek land. Dit maakte dat aardig wat Franse hugenoten Frankrijk en de overheersing door de katholieken ontvluchtten. Ze gingen natuurlijk naar Noord-Nederland, want dat was protestants gebied. Amsterdam, mede-eigenaar van Suriname, interesseerde een aantal om zich in Suriname te vestigen. Op het eind van de 17e en begin 18e eeuw kwamen enkele Franse families dus hier en begonnen veelal suikerplantages. Deze plantages lagen in de omgeving van het kleine plaatsje Paramaribo. De Fransen gaven hun plantages zeer toepasselijke namen als: Ma Retraite, L'Hermitage, Peu et Content, Tout Lui Faut, Mon Plaisir, le Rossignol… vandaar dat onze buitenwijken zulke mooie Franse namen hebben, die goed weergeven in wat voor gemoedstoestand die Franse families verkeerd moeten hebben toen ze aan dit waagstuk begonnen.

Het ging ze voor de wind, hun plantages bloeiden en ze verdienden veel geld. Torarica ging achteruit en Paramaribo kwam op. Na een à twee generaties werd het mode bij de plantage-eigenaren om een huis in de stad te hebben. Die Franse families bouwden voor zichzelf een mooi groot houten huis in de stad. In de 18e eeuw waren de huizen in het eerste deel van de Gravenstraat bijna allemaal eigendom van Franse families. De huizen waren groot met ruime kamers, hoge soms beschilderde plafonds, versieringen van houtsnijwerk aan de muren en vaak de initialen van de eigenaar in gouden sierletters in het bovenlicht boven de deur. Dat is bijvoorbeeld te zien op Gravenstraat nummer 14: de Kanselarij; dit huis werd omstreeks 1740 gebouwd door Jean David Cellier, van wie de initialen JDC nog te zien zijn. En natuurlijk hoorde bij zo'n huis een mooie hoge stoep, want dat was een statussymbool. Waar nu het Bisschopshuis is op nummer 12, was eerst het huis van Jean Vereul, daarnaast stond het huis van Bernard Texier, nu het ministerie van Buitenlandse Zaken, en daarnaast was het prachtige huis, eigenlijk meer een paleisje, van Jean Nepveu.

Nepveus huis werd gebouwd van 1764 tot 1774. Het bouwen zelf duurde niet zo lang, want bij de beëdiging tot gouverneur was het huis eigenlijk al af, maar er werden steeds meer verfraaiingen aangebracht. Er is een uitgebreide beschrijving van de feestelijkheden bij de eedsaflegging van gouverneur Nepveu in april 1770. De beëdiging zelf was een mannenaangelegenheid en de vrouwen van de genodigden wachtten in het huis van Nepveu bij mevrouw Elisabeth Nepveu-Buys (tweede echtgenote). Na de eedsaflegging liepen al die rijk geklede dames op straat van Nepveus huis naar het paleis, aangestaard en bewonderd door de arme bevolking en slaven die toestemming hadden om te gaan kijken. De kapitein van een schip dat in de haven lag en ook tot de genodigden behoorde, schreef in zijn journaal onder meer: 'Men zou nooit kunnen vermoeden dat er in zo'n verre kolonie als Suriname zoveel pracht en praat tentoongespreid kon worden...'

Nepveus huis was eindelijk af in 1774; het jaartal kwam op de voorgevel alsmede de spreuk 'Cura et Vigilantia' (Zorg en Waakzaamheid). Precies aan de overkant van de kanselarij is een ander prachtig huis met hoge stoep, ook gebouwd door een Franse hugenoot, Jacques Saffin. Dit is nu het hoofdkantoor van de Surinaamse Waterleiding Maatschappij.

Behalve de eerste drie gebouwen, die van de overheid waren, het Statengebouw, het ministerie van Algemene Zaken en het ministerie van Buitenlandse Zaken en 's Lands Archief (alle drie in 1996 verbrand) zijn alle gebouwen tot en met de kathedraal van het r.-k. bisdom. In de 20e eeuw waren het scholen, maar in de jaren 80 verhuisden de scholen naar achteren of naar een plek verder van het centrum. Dit werd gedaan voor de veiligheid van de jeugd. Het verkeer in de binnenstad was te druk geworden. Het bisdom verhuurde de gebouwen aan de overheid, die ze niet onderhield (militaire periode) en in het jaar 2000 nam het bisdom zijn eigendommen terug. Nu worden ze gerestaureerd.

Er was één school die niet verhuisde; dat was de Hendrikschool, iets verderop in de Gravenstraat. Directie, leerkrachten en leerlingen waren van mening dat ze vanwege het historisch besef niet weg konden van de plaats waar de Hendrikschool, de oudste MULO-school van Suriname al een eeuw had gestaan. Dankzij doorzetting en inventiviteit van de vorige en huidige directrice staat het historisch pand er nog altijd mooi bij.

Harmonische tegenstellingen... hier is er zo één: die imposante houten kathedraal naast dat hypermoderne bankgebouw! Op de plek waar nu de kathedraal staat, was omstreeks 1750 het grootste en mooiste huis van de kolonie Suriname. Het was eigendom van Pieter Mauricius, de zoon van de gouverneur. In 1769 werd het verkocht aan de rijkste jood van die tijd, Mordechay de la Parra. Hij was zo rijk dat men hem Koning de la Parra noemde.

In 1772 werd in Suriname opgericht een toneelgezelschap en theater, onder de naam Pro Excellente Eloquenda. Ze brachten klassieke stukken, maar de toegang was verboden voor joden, die hier heel boos om waren en hun eigen theater oprichtten. Het huis van Mordechay de la Parra werd het joodse theater, dat de naam De Verrezene Phoenix kreeg.

In de 18e eeuw mochten katholieken in de kolonie geen kerk hebben. Net als in het protestantse Amsterdam werden katholieke godsdienstoefeningen getolereerd in een gewoon huis. Pas in 1824 kregen hier de katholieken toestemming voor een eigen kerk en de joden verkochten toen het theater aan de katholieken. Die verwijderden het bord met de naam De Verrezene Phoenix en plaatsten een ander bord met het opschrift: 'In dit veranderde gebouw eerbiedigen wij de enige ware God'.

In 1883 werd de eerste steen gelegd voor de huidige kathedraal die om het oude gebouw werd gebouwd en op 10 juli 1885 werd de kerk ingezegend als Petrus en Pauluskerk. Pas in 1958 bij de verheffing van apostolisch vicariaat tot bisdom kreeg de kerk de naam van kathedraal. Het is een geheel houten gebouw en alles in het interieur is uit hout gesneden. Aangezien al het mooie van het joodse theater bewaard is gebleven, zijn er in de kathedraal heel wat joodse motieven. Omstreeks 1960 was het gebouw aan restauratie toe en de restaurateur verwijderde eerst de prachtige houten vloer en daarna enkele pilaren, die wel uitgerekend de steunbalken waren. Het hele gebouw is in de volgende twintig jaar gaan verzakken en scheef gaan hangen. In het midden van de jaren 80 was de toestand zo erbarmelijk dat men er zelfs aan dacht het hele gebouw neer te halen, zeer tot ontsteltenis van de Surinaamse gemeenschap.

Maar er kwam redding. Na een gedegen onderzoek door kundige architecten kwam de moeilijke beslissing. De kathedraal was nog te redden maar moest eerst in de beugels om terug in het lood te komen. Dat zou een langdurig en moeizaam proces zijn. Pas in 2005 besloot men dat de kathedraal zodanig recht stond dat men met de restauratie kon beginnen. – C.

In de Sint Petrus en Pauluskathedraal staat meneer Willibrodus Theodoor Grunberg al op me te wachten. Hij is 71 jaar oud en verzorgt al tien jaar de rondleidingen in het gebouw. Met gemak noemt hij de verschillende data en feiten van de grootste houten kathedraal ter wereld (*Guinness Book of Records*, 1996). 'Kom,' zegt hij, 'ik neem je eerst mee naar de doopkapel aan de rechterkant van de kerk. De houten poort bestaat alleen uit joodse ornamenten. Hij wijst naar de zeven spijlen die je aan weerskanten van de poorten ziet en zegt: 'Dit staat voor de menora, de zevenarmige joodse kandelaar. Zie je het middenstuk,' gaat hij verder, 'daar waar de poorten samenkomen zie je een kopie van de Thora-rol, de joodse bijbel. En deze doopfontein,' wijzend naar het kunstwerk in het midden van de kapel, 'stond vroeger in de oude kerk aan de Wagenwegstraat die in 1821 is afgebrand.'

De kathedraal is het tweede huis van Grunberg. In 1936 is hij er gedoopt en behalve koorzanger is hij ook misdienaar geweest. Hij wijst naar boven waar het orgel staat. 'Toen er nog geen elektriciteit was, moesten wij op de pedalen staan om lucht te pompen naar de blaasbalg zodat de organist kon spelen.'

In 1958 is hij vertrokken naar het buitenland. Maar toen hij bijna 25 jaar later weer terugkeerde heeft hij meteen zijn oude parochie weer opgezocht. Nu is hij koster, kerkmeester en toeristengids.

Als we door de kerk lopen vertelt Grunberg dat het gebouw een neoromaanse stijl heeft. Alleen de torenspitsen zijn gotisch. 'Die zijn er veel later bij gekomen.' De redemptoristenkathedraal in Rosmalen in Nederland en die van Boston in Amerika hebben model gestaan voor de Surinaamse kathedraal. 'Weet je, ze zijn precies twintig jaar na de afschaffing van de slavernij met de bouw begonnen. Driehonderd ex-slaven tussen de zestien en twintig jaar hebben deze kerk gebouwd. En alles van binnen is gemaakt van rood cederhout terwijl buiten de harde houtsoort basralokus is gebruikt. Bestand tegen de weergoden hier,' zegt hij lachend. 'Deze betonnen vloer gaat er helemaal uit. De eerste vloer in de kathedraal was een houten vloer. Door de jaren heen is hij zo stevig geboend dat hij helemaal versleten was. Krakende planken en kapotte stukken hebben er uiteindelijk toe geleid dat deze vloer er is gekomen. Maar met de renovatie is afgesproken dat de kerk volledig in zijn oude staat wordt teruggebracht. Dat betekent dat ook de houten vloer weer terugkomt.'

Net aan de voet van het priesterkoor ligt het graf van

Petrus Donders, die ook wel de profeet van de melaatsen wordt genoemd. 'Hier brandt altijd een kaars,' zegt Grunberg, 'om hem niet te vergeten. Weet je dat in het verre verleden Tilburg, de stad waar hij geboren is, gevraagd heeft om het graf daarnaar toe te verhuizen, maar dat wilde men hier niet. Peerke, zoals hij genoemd wordt, heeft meer betekenis voor ons in Suriname dan voor de mensen daar.'

In 1842 kwam Petrus Donders naar Suriname. En bijna zijn hele leven heeft hij gewerkt in een melaatsenkolonie op de voormalige plantage Batavia aan de Coppenamerivier. Op 77-jarige leeftijd is hij overleden.

In 1982 werd Donders zalig verklaard. 'Als het goed is wordt hij in 2009 ook heilig verklaard,' zegt Grunberg als we van het graf weglopen. 'Dat heeft hij echt verdiend.'

Officieel worden er al vanaf 1987 geen diensten meer in de kathedraal gehouden. Op heel bijzondere diensten na, zoals in 2005 de wijding van Wim de Becker tot bisschop. De kerk was prachtig versierd. Enorme bloemstukken zorgden ervoor dat de stellingen die in de kerk stonden om het gebouw te ondersteunen helemaal wegvielen tijdens de plechtige bijeenkomst. In met hand beschilderde priestergewaden begeleid door indianen op trommels ging de processie na afloop de straat op.

Volgens Grunberg moeten we nog even geduld hebben. Als de renovatie achter de rug is herkennen we de kerk niet meer.

*Kathedraal van binnen tijdens de inwijding van Bischop De Becker*

*De Surinaamsche Bank toen*

Tot de oplevering worden er geen rondleidingen meer verzorgd. 'Ik ga de kathedraal missen,' zegt hij. 'Ik heb er gewoond en geleefd, dit is mijn leven.'

De planning is dat de renovatie in augustus 2008 afgerond moet zijn. Grunberg heeft hier zijn twijfels over. 'Ik ken het gebouw van binnen en buiten en als men gaat slopen, gaat men meer tegenkomen dan met het blote oog te zien is. Ik hou het op december 2008.'

Na de renovatie zal de kathedraal meer zijn dan alleen een kerkgebouw. Om de onderhoudskosten te kunnen ophoesten zal het ook gebruikt worden voor andere activiteiten zoals concerten en seminars . – H.

Vlak naast de kathedraal staat het moderne gebouw van de Surinaamsche bank. De Surinaamsche bank, de

*De Surinaamsche Bank nu*

oudste bank in Suriname, bestaat al vanaf 1865.

De bank was eerst gehuisvest in een prachtig houten koloniaal gebouw met een heel hoge stoep. (Wie rijk was had een hoge stoep en niemand kon toch rijker zijn dan de bank.) Jammer genoeg dacht men in de jaren 60 dat alles gemoderniseerd moest worden en zo moest het houten gebouw plaatsmaken voor een moderne constructie van steen, glas en staal.

Achter het gebouw is een guesthouse en een prachtige grote tuin, die grenst aan de Sommelsdijkse kreek. Niemand zou vermoeden dat er midden in de stad zo'n landelijk plekje is, compleet met pinahut (hut met palmbladeren). Dat heeft op zichzelf ook een geschiedenis. Op het eind van de 19e eeuw werd er behoorlijk wat goud gevonden in Suriname. Alle goudwinners waren verplicht un goud te verkopen aan de Surinaamsche Bank. Er waren goudbedrijven, maar er waren ook kleine porknokkers (goudzoekers) die hun geluk beproefden op een primitieve manier. Ook zij moesten het goud aan de Surinaamsche Bank verkopen.

Na weken of maanden in het bos gezwoegd te hebben, kwam meneer porknokker naar de stad met het goud in de zakken van zijn versleten vuile broek, misschien was het goud gewikkeld in een grote zakdoek of als er een grotere hoeveelheid was, kon het gewikkeld zijn in een oude blomzak, die over de schouder geslingerd was. Soms was het goud nog helemaal vuil met aarde en/of zand en moest het eerst schoongewassen worden. Dat gebeurde dan achter in de tuin; vandaar die vijver en dat kleine sluisje. Iedereen moest zijn beurt afwachten en dat wachten kon lang duren. Wie geen verblijfplaats had, kon in de tuin bivakkeren. Kortom, er waren weinig plichtplegingen bij de inlevering van het goud, dat in mooie vormen werd gesmolten en in de kelder van de bank bewaard werd tot het op gezette tijden naar New York werd verscheept.

Net zo weinig plichtplegingen als er in Suriname waren bij de inlevering, net zo veel vertoon was er in New York bij het afhalen van het goud, want dat gebeurde met gepantserde wagens en agenten in voertuigen met loeiende sirene! Ook toen een tegenstelling!

*Al vroeg werd aan goudwinning gedaan. De vrouw op de voorgrond is Hennah's grootmoeder (juli 1932)*

## Heerenstraat en Kerkplein

De herenhuizen aan de vroegere Heerenstraat, nu Lim A Postraat , zijn nog mooi intact gebleven. Daar zorgen de eigenaars, die de gebouwen goed onderhouden wel voor. Jammer genoeg worden ze niet meer door particulieren bewoond. De vroegere woonhuizen van de rijke kolonisten en later elite-Surinamers zijn nu bijna allemaal kantoren van notarissen, advocaten en banken. 's Morgens is het hier net als in de rest van het centrum heel druk, maar na vier uur 's middags is het er rustig en stil; men kan hier goed wandelen en de gebouwen bekijken.

De plek waar nu de hervormde kerk staat, was in de vroegkoloniale tijd, de begraafplaats; de Oranjetuin. In 1750 was de begraafplaats vol en maakte men een nieuwe, die toepasselijk de Nieuwe Oranjetuin heette (tussen het begin van de Dr. Nassylaan en de Gravenstraat). Pas in 1810 werd de eerste echte kerk gebouwd, een achtkantig gebouw, gesteund door pilaren en met een koepeldak. De bewoners van Paramaribo waren heel trots op hun mooie kerk die in het hart van de stad stond. De kerk was in 1814 helemaal af en in volle glorie, maar slechts enkele jaren later, bij de grote brand van 1821 viel ook dit gebouw ten prooi aan de vlammen. Bij de herbouw van de nieuwe kerk is er echt voor gezorgd voldoende ruimte om de kerk te laten, geen bebouwing, dus ook geen brandgevaar dacht men kennelijk en zo ontstond het Kerkplein. Voor de verhoging van de vloer van de kerk gebruikte men de vele grafstenen die er lagen. Er zijn bijzonder fraaie marmeren stenen bij.

Tegenover de kerk staat het Helstone-monument en de opmerkzame kijker ziet meteen dat er muzieknoten op staan afgebeeld. Helstone was namelijk een van Surinames grote musici. Na de afschaffing van de slavernij haalden de Duitse broeders van de Evangelische Broeder Gemeente intelligente jongelui van de plantages naar de stad. In een internaat kregen deze vroegere slavenkinderen een gedegen opvoeding en leerprogramma om als burger in Suriname te functioneren.

*Centrumkerk van de Hervormde Gemeente met op de voorgrond het Helstone-monument*

Een van deze jongens die in 1876 bij de hernhutters in de stad kwam, was de 12-jarige Johannes Nicodemus Helstone. Muziek was een onderdeel van hun lesprogramma en algauw bleek deze jongeman een bijzonder muziektalent te zijn. Zijn muzikale opleiding werd vervolmaakt in Leipzig en na zijn terugkeer naar Suriname componeerde hij werkelijk heel wat mooie muziek. Dit monument werd te zijner ere opgericht in 1948. In 1948 was het beslist niet bon ton om van iemand te zeggen dat hij zwart was en daarom werd Helstone maar in wit marmer op het monument afgebeeld. Eind jaren zestig werd black beautiful en op een nacht schilderden de studenten Helstone's gezicht bruin en zijn haar zwart.

Tot het Kerkplein heet deze straat Mr. F.H.R. Lim A Postraat, zo vernoemd naar de vroegere rechtsgeleerde Fred Lim A Po. Na het plein heeft de straat de oorspronkelijke naam en voor een groot deel ook het oorspronkelijk aanzien behouden. De mahoniebomen die in de Heerenstraat staan zijn wel driehonderd jaar oud, vroeger waren nog veel meer straten beplant met mahoniebomen, in de Wagenwegstraat zijn ze er nog en in de Dr. Nassylaan. In de Jodenbreestraat, Maagdenstraat en Zwartenhovenbrugstraat stonden aan weerszijden hoge koningspalmen. Af en toe is er nog wel een enkele boom of palm maar de meeste zijn opgeofferd aan verbreding van straten en parkeerplaatsen. Op het eind van de Heerenstraat, bij die merkwaardige hoek met de Malebatrumstraat en de Wagenwegstraat is het ministerie van Arbeid, Technologische Ontwikkeling

*De Maagdenstraat*

en Milieu. Dat was in de 18e eeuw het huis van Elisabeth Samson, een zwarte vrouw wier naam in de meeste grote historische werken over Suriname voorkomt, omdat ze in 1764 wilde trouwen met een blanke man, hetgeen in de 18e eeuw beslist verboden was.  – C.

'Ik zeg altijd tegen touroperators of mensen die een historische stadswandeling maken dat ze op Fort Zeelandia moeten beginnen, het oudste bouwwerk van Paramaribo,' zegt Stephen Fokke, directeur van de Stichting Gebouwd Erfgoed. 'De stad is eigenlijk van achter de bescherming van het Fort aangelegd. Daar zou je moeten starten en van daaruit de Waterkant, het Onafhankelijkheidsplein, de overige straten, Mirandastraat, Lim A Postraat moeten nemen.' Zelf is de stichting ondergebracht in een historisch gebouw, een van de oude officierswoningen tegenover het Fort.

Sinds 2002 staat de binnenstad van Paramaribo op de Werelderfgoedlijst van de UNESCO. Het voor een groot deel uit houten gebouwen bestaande centrum is na deze plaatsing van betekenis geworden voor de hele wereldgemeenschap. Dat betekent een stukje internationale erkenning voor het erfgoed van Suriname.

De afgelopen vijf jaar zijn volgens Fokke gebruikt om Surinamers zelf wat bewuster te maken van wat het betekent om op de Werelderfgoedlijst te staan. Dat wil nog niet goed lukken. De stichting is dan ook bijna permanent in gevecht met personen of organisaties die vernieuwing willen invoeren in het gebied.

We beginnen onze wandeling op het Kerkplein waar precies in het midden een van de historische gebouwen van Paramaribo staat. De hervormde kerk omringd door moderne gebouwen.

'Dit is eigenlijk geen goed voorbeeld, want deze gebouwen zijn er gekomen toen er helemaal geen sprake was van het plaatsen van historisch Paramaribo op de Werelderfgoedlijst,' zegt Fokke. 'Het gros van de moderne gebouwen die op het Kerkplein staan, is van architect P.J. Nagel (1921-1997). Een man die zijn stempel behoorlijk heeft weten te drukken op modern Paramaribo.' Dat mag nu niet meer. Er zijn richtlijnen die

*Vroeger het fraterhuis. Nu de Nationale Volksmuziek School*

betrekking hebben op de architectuur, de hoogte en de schaal van de bouwwerken. Die bieden de architect die in het historisch centrum een gebouw wil neerzetten, voldoende houvast om met een passend ontwerp te komen. Het mag iets totaal nieuws zijn, maar men mag ook gebruikmaken van elementen uit de historische architectuur van Suriname. Het belangrijkste is dat het moet passen binnen de historische omgeving.

Toch komt de stichting, ondanks deze controle voortdurend in botsing met mensen die het belang van het behoud van het erfgoed niet inzien. 'We zijn in het afgelopen jaar geconfronteerd met een aantal monumentale panden die gesloopt zijn, of gedeeltelijk gesloopt en daarvan is aangifte gedaan bij de politie en er lopen twee strafzaken tegen eigenaren,' zegt Fokke.

We wandelen vanaf het Kerkplein naar de Henck Arronstraat, genoemd naar de eerste Surinaamse premier van het onafhankelijk Suriname. Vroeger heette dit de Gravenstraat.

'Ik heb eigenlijk vanaf het begin dat er sprake was van de naamsverandering bezwaren geuit,' zegt Fokke, 'omdat je eigenlijk die historische namen moet handhaven binnen die werelderfgoedsite, omdat het niet alleen die historische gebouwen zijn. Het is als site een afgebakend gebied, waar de monumentale gebouwen natuurlijk onderdeel van uitmaken, maar ook het stratenpatroon, de hele manier hoe de straten in de stad zijn aangelegd, de begroeiing, de historische straatnamen. Dat zou je moeten handhaven.'

Sinds de laatste jaren wordt er weer onderhoud en restauratie aan de gebouwen in de Henck Arronstraat gepleegd en krijgen ze na jaren leegstand nieuwe bewoners. Zoals het Petrus Dondershuis of de oude pastorie die gerestaureerd is en nu gebruikt wordt door de Nationale Volksmuziekschool, die in maart 2006 haar deuren opende.

De oude Volksmuziekschool aan de Gongrijpstraat is in 1995 door brand verwoest. In 1940 woonden er dertig tot veertig pastors in de pastorie die op initiatief van Peerke Donders gebouwd is. Als je nu 's middags langs het gebouw loopt hoor je regelmatig jonge musici oefenen.

Behalve in de binnenstad zijn er verspreid over Paramaribo nog voldoende monumenten die de moeite waard zijn om te bezoeken. Zoals de Saronkerk, de Rust en Vredekerk, de Grote Stadskerk, die staan ook allemaal op de monumentenlijst van Paramaribo. Als in 2008 de Grote of Sint Petrus en Pauluskathedraal gerenoveerd is dan hebben we een landmark dat zeker zal bijdragen aan een stukje herstel van die binnenstad. – H.

*De Centrale Markt, met allerlei soorten fruit, groenten en vis*

# *De Centrale Markt*

Voordat je bij de markt komt heb je een aanmeerplaats voor taxibootjes (de platte brug). Tientallen uit hun krachten gegroeide korjalen worden gebruikt om voetgangers over te zetten van Paramaribo naar Meerzorg en weer terug.

Deze boten kun je zelf ook huren als je de stad vanaf de rivier wilt bewonderen. Je kunt bijvoorbeeld langs de *Goslar* varen. Kort voordat de Tweede Wereldoorlog uitbrak kwam er een oud Duits oorlogsschip van de Eerste Wereldoorlog de haven van Paramaribo binnenvaren. Met het verhaal dat ze averij hadden aan de motoren. Echter lekte uit dat het hun bedoeling was deze *Goslar* te laten zinken in de vaargeul om zo een obstructie te vormen voor de bauxietschepen die naar Paranam gingen. Suriname was toen de grootste producent van bauxiet in de wereld.

De dag nadat Duitsland aan Nederland de oorlog verklaard had kon het toenmalige gouvernement de vijanden arresteren. Dat gebeurde ook. Politie en militairen namen de bemanning mee. Een bemanningslid vroeg of hij de foto van zijn gezin uit de hut mocht halen en de politie stemde toe.

Hij kwam inderdaad met de foto terug, maar wat hij ondertussen gedaan had wist men nog niet. 's Middags zag men dat het schip helde en de volgende ochtend lag het helemaal op zijn kant. Het is dus wel gezonken, maar niet in de vaargeul. Het schip ligt er nog altijd, omdat de noodzaak voor het weghalen ontbreekt. In de volksmond wordt de *Goslar* Van Beekeiland genoemd, naar de commissaris van politie van toen. De Surinamerivier is zo breed dat de huidige schepen er gewoon omheen kunnen varen.

Aan de andere kant van de straat, recht tegenover de Platte Brug heb je het monument van de revolutie.

Hier stond vroeger het hoofdbureau van politie. Het politiebureau was van een bijzondere architectuur. Het gebouw bestond uit drie verdiepingen, in het midden was de voorgevel gebogen als een halve cilinder, terwijl op de grondverdieping de binnengalerij gevormd werd door zes grote ronde kolommen aan de buitenkant. Daardoor maakte het geheel een ronde indruk en heette in de volksmond heel toepasselijk 'lontu-oso' (rond huis). Op 25 februari 1980 grepen de militairen de macht en als eerste werd vanaf de rivier het politiebureau kapot geschoten. Er waren mensen in het gebouw!

Elk jaar in de nacht van 24 op 25 februari verschijnt Desi Bouterse. Samen met de nog in leven zijnde coupplegers en aanhang van zijn politieke partij legt hij kransen bij het monument en onder anderen noemt hij namen op van de zestien militairen waarmee hij meer dan 25 jaar geleden de macht overnam.

Zelf vind ik dit gedeelte van Paramaribo niet de meest aangename plek om te vertoeven. Niemand lijkt zich zorgen te maken over alle zwerfvuil in het water en langs de oever. En het krioelt hier van zwervers die op de kade en de stoepen van de winkels een slaapplaats zoeken. Een deel van de zwervers zijn oud-militairen die na de binnenlandse oorlog, de strijd van het junglecommando onder leiding van Ronny Brunswijk tegen het nationaal leger van Desi Bouterse, in een diep zwart gat zijn gevallen. Posttraumatisch stress-syndroom als gevolg van de gruwelijkheden van de oorlog. Omdat er voor hen geen goede opvang was, zijn veel militairen op straat terechtgekomen.

Overdag is het in dit gebied topdrukte. Voor veel bussen is het hier het eindstation en iets verder begint de grote centrale markt van Paramaribo. – H.

'Ik ga nooit naar de markt; veel te druk en te moeilijk,' zegt menige Surinaamse vrouw tegenwoordig. Inderdaad, waarom zou je naar de markt gaan terwijl er in alle buurten wel groente- en fruitwinkels zijn. Het is in de omgeving van de markt immens druk, je moet er stapvoets rijden of je staat stil en een parkeerplaats vinden is gewoon onmogelijk. Ik ben ook zo iemand die nooit naar de markt gaat. Maar een poosje geleden ging ik er toch heen, nu met een groep toeristen die de markt graag wilden zien. En toen keek ik zelf ook met de ogen van een toerist. Ja hoor, ook ik zag de charme en de bekoring van de markt. De manier waarop de waren zijn uitgestald. Geen grote hoop groenten of fruit waarin de verkoper met de handen graait. Nee, alles wordt in mooie hoopjes uitgestald en bij elkaar is dat vaak een prachtig stilleven. En ze staan achter hun hoopjes: May staat naast Ma-eh en daarnaast weer staat tant' Waasje van Para. Als May even weggaat, dan past tant' Waasje of Ma-eh op haar spullen en als tant' Waasjes kleinkind iets wil eten, haalt Ma-eh een bordje bami tevoorschijn en staat geduldig het kindje te voeren.

Alle verkoopsters lieten de toeristen van alles proeven en proberen en zij waren op hun beurt zeer onder de indruk van de gastvrijheid en vriendelijkheid van de mensen. Ik liet alle toeristen een mopé proeven, want u weet het: 'Wie mopé eet, komt terug naar Suriname!' – C.

De markt is een gebouw van drie verdiepingen volgestouwd met kleine verkooptentjes, waar alles van kleding, kruiden tot haarstukjes gekocht kan worden. Over de hele markt hangt een geur van tropisch fruit en exotische kruiden.

In *Wan Pipel*, de film van Pim de la Parra en Wim Verstappen, is de markt prachtig in beeld gebracht. In een scène zie je de hoofdrolspeler, Borger Breeveld, over de markt lopen. Hier en daar pakt hij wat fruit, ruikt en proeft. Het water loopt je spontaan in de mond. Zelf ga ik heel graag naar de markt. Niet echt voor de boodschappen, maar voor de sfeer die er hangt. 'Schatje, wat ga je voor je man koken vandaag,' roept een van de vrouwen als ik langsloop. 'Ik heb verse jonge boulanger (aubergine). Je maakt hem echt blij hiermee.'

Een aantal jaren geleden kon je op de centrale markt ook je dollars en euro's omwisselen voor Surinaamse guldens. Dat was in de tijd toen de wisselkoers erg onstabiel was. Op elke hoek stonden de jongens die gewoon konden ruiken dat je buitenlands geld op zak had. Wisselen, wisselen hoorde je dan overal om je heen. Het heeft me altijd verbaasd hoe het kwam dat ze wisten dat ik uit Nederland kwam. Aan mijn kleding kon het niet liggen, die was in Suriname gekocht. Het feit dat ik inmiddels al drie jaar in Suriname woonde gaf me een zelfvertrouwen waardoor ik me voor mijn gevoel niet onderscheidde van andere vrouwen die op de markt rondliepen.

Toen een Hindoestaanse wisselaar achter me aan bleef lopen, riep ik zwaar verontwaardigd: 'Ik heb niets om te wisselen. Waarom denk je dat ik valuta heb?'

Lachend keek hij me aan en zei: 'Zus, de manier waarop je loopt toch. Iedereen die uit Holland komt, loopt sneller. Daarom weet ik dat je valuta moet wisselen. Wissel bij mij noh! Ik ga je een goede koers geven.'

Sinds de invoering van de Surinaamse dollar in januari 2004, is de Surinaamse munt stabiel. De wisselaars op de markt hadden geen werk meer toen de officiële banken dezelfde koers gingen uitbetalen. Voor het wisselen van geld kun je nu behalve bij de banken ook bij cambio's terecht. Op bijna elke straathoek vind je tegenwoordig een drive-through cambio. Met je bankpas kun je trouwens bij de geldautomaat gewoon pinnen. Je krijgt dan wel Surinaamse guldens uitgekeerd. – H.

*Openingstijden markt: maandag t/m zaterdag 06.00-15.00 uur.*

Recht tegenover de markt aan de Waterkant staat de lutherse kerk. Het eerste gebouw, dat van 1747 dateerde, was van baksteen. Dit gebouw ging op 13 september 1832 in vlammen op bij de brand die door Codjo, Mentor en Present gesticht zou zijn. De huidige kerk verschilt niet veel van de eerste. Ze werd in 1834 ingewijd.

Er is een mooi smeedijzeren hek, dat op slot kan. Achter de kerk is een hofje waar circa twaalf seniorenburgers gehuisvest zijn. Die zijn wát blij dat ze zo midden in de stad en toch beschermd kunnen wonen. – C.

Aan de Heiligenweg staat een gedenkteken ter nagedachtenis aan Codjo, Mentor en Present. Drie slaven, die levend verbrand werden na er van beschuldigd te zijn de stadsbrand van 1832 aangestoken te hebben.

'We hebben vanaf 1993 dezelfde weg gelopen die de drie de dag dat ze verbrand werden hebben gelopen,' zegt Iwan Wijngaarde van de Feyderasi Fu Afrikan Srananman. 'We noemen het de Pina-Waka, van Fort Zeelandia, waar ze opgesloten zaten, naar de Heiligenweg. Codjo, Mentor en Present waren geen misdadigers. Er is nooit een proces geweest. De Staat heeft beslist dat zij de daders waren en dat ze levend verbrand moesten worden. Nu bijna drie eeuwen later vinden we dat we dit moeten corrigeren.'

'Deze mannen hebben zich verzet tegen de omstandigheden van die tijd,' gaat hij verder, 'en daarom vinden we dat ze verzetsstrijders moesten heten. Ze hebben dan ook het recht op een plek die naar ze vernoemd is.'

De organisatie probeert op verschillende manieren de geschiedenis van de slaven levend te houden. Met culturele evenementen, lezingen en het vieren van de Blaka man dey (dag van de zwarte beschaving).

'Wij die nu leven moeten de geschiedenis herschrijven,' zegt Wijngaarde. 'Het is nu 144 jaar geleden dat de slavernij is afgeschaft en we moeten ons schamen dat we nog niet eens een held hebben uitgezocht voor Suriname wat de slavernij betreft. Guyana heeft een 'Kofi', Curaçao heeft een 'Tula', Haïti heeft een 'Toussaint L'Ouverture', dus we moeten niet achterblijven.' – H.

De Saramaccastraat begint bij de markt. Zo'n honderd jaar geleden zag het er hier heel anders uit dan nu. Dit was echt de 'business'straat van Paramaribo. In die tijd was armoede echt troef in Suriname; de meeste plantages waren ter ziele en degene die er nog waren, brachten zo weinig op dat er niet eens sprake was van een droge boterham. De Hindoestanen en Javanen die hun contractperiode achter de rug hadden, ploeterden in de kleine landbouw en de creolen waren ambachtslieden of probeerden op een andere manier wat te verdienen. Die andere manier was als balatableeder of als goudzoeker. Dat was voor de kleine ondernemers zeer moeilijk en riskant, maar ze deden het, want als het lukte, waren de verdiensten heel goed. Het werk van de balatableeders en de goudzoekers was zwaar. Allereerst verbleven ze minstens drie maanden lang in het oerwoud, bivakkerend in een klein pinakampje (hut met palmbladeren). De balatableeders zochten een plek op waar er bolletriebomen waren. Na een moeilijke klim in zo'n hoge boom werden inkervingen in de stam gemaakt. Uit de inkervingen ging de stam dan bleeden (bloeden). Het melkwitte sap werd onderaan de stam in een kalebas opgevangen. Dit sap werd later uitgespreid en droogde op als een vel. Dat was zuivere RUBBER. Deze vellen werden in de stad voor veel geld verkocht, omdat het gebruikt werd om onderzeese telegraafkabels te beschermen. Er kwam een abrupt einde aan de balatawinning toen de draadloze telefonie en kunstrubber werden uitgevonden (1925).

De goudzoeker (porknokker) zocht in beddingen van rivieren en kreekjes naar goud. Het was alom bekend dat er goud was in het binnenland van Suriname. Grote ondernemingen waren bezig en de goede goudvondsten deden het gouvernement besluiten om dwars door het oerwoud een spoorlijn aan te leggen, speciaal om de goudzoekers makkelijk naar het gebied te brengen. Er is een spoorlijn aangelegd van 173 kilometer, beginnend in Paramaribo. De kosten bedroegen negen miljoen gulden en vele mensenlevens. De spoorlijn was in 1906 af en kreeg de naam 'Goudexpress'. Wanneer de balatableeder of de goudzoeker in de stad terug was en hij zijn vellen balata of pipietjes goud verkocht had, dan had hij geld, veel geld. Hij was rijk!

Dat moest iedereen weten. Gekleed in zijn witte pak of zijn 'stoffen' pak, met *two-tone*-schoenen aan en een panamahoed op, gouden horloge in het vestzakje en gouden horlogeketting duidelijk zichtbaar, ging meneer de balatableeder of meneer porknokker flaneren over de Saramaccastraat. Zien en vooral gezien worden. Toen er al auto's waren, kwam hij soms aangereden in een open auto en tot grote bewondering van de vele omstanders, stapte meneer dan uit, haalde achteloos een biljet van een gulden of soms zelfs van tweeëneenhalve gulden uit zijn broekzak, rolde het tot een sigaret en stak de brand erin! Nu nog kun je de huivering voelen die door het arme publiek ging en het raakte helemaal in extase wanneer het moment daar was en meneer zijn handen in de broekzak deed en een handvol centen, stuivers en soms zelfs dubbeltjes rondstrooide! (een arme moeder kon in die dagen met twee stuivers een maaltijd bereiden voor haar en haar kinderen). Maar ja, na een paar weken was het geld natuurlijk op en hopelijk had meneer balatableeder of porknokker nog wat over om zijn voorraad levensmiddelen te kopen voor de volgende drie maanden in het bos. – C.

Slechts de lichten van casino Tropicana flikkeren je nu 's avonds tegemoet in de Saramaccastraat. Dit is een van de vijftien casino's die er in Paramaribo staan. Wie wil gokken, kan in de hoofdstad goed aan zijn trekken komen. Elke avond zijn de casino's goed gevuld. Als ik eentje binnenloop, zijn bijna alle slotmachines bezet en het geluid van muntjes die uit de machine vallen, overheerst.

Achter een machine waar een engeltje hartjes in een bepaalde volgorde plaatst, zit Ingrid. 'Ik ben gepensioneerd en dit is mijn ontspanning. Nee, echt niet gokverslaafd, zover is het nog niet,' lacht ze. 'Maar wat moet je anders doen hier. Er is zo weinig vertier 's avonds. Als ik wat wil gaan drinken ben ik op een terrasje meer geld kwijt dan ik hier in de machines stop.'

Voor tien Surinaamse dollars (nog geen 3 euro) kun je al spelen. Het feit dat je voor die prijs ook gratis kunt drinken en snacken maakt een casinobezoek tot een goedkope stapavond.

In casino Princess is er om 23.00 uur een show en klokslag 24.00 uur staat het buffet klaar. De bezoekers staan eerst in de rij bij de buffettafel en gaan daarna met het bord op schoot achter hun machine zitten. Vaste casinobezoekers weten precies hoe laat het eten in de verschillende casino's komt.

Achter de roulette, blackjack- en pokertafels wordt er met meer geld gespeeld. De biljetten van honderd Amerikaanse dollars worden met een zekere regelmaat naar de croupier geschoven. Daar komen fiches in verschillende kleuren voor terug. Dit zijn de diehard-gokkers. Niet praten, alleen oogcontact met de croupier en de blik gericht op het doek waar de fiches liggen.

'Toegang tot de lokaliteiten waarin hazardspelen worden uitgeoefend wordt slechts verleend aan personen die in het bezit zijn van een door of namens het plaatselijk hoofd van de politie afgegeven toegangsbewijs.

Dit toegangsbewijs kan worden verleend aan niet-ingezetenen van Suriname en ingezetenen van Suriname die in het gezelschap van niet-ingezetenen bedoelde activiteiten wensen te bezoeken en daartoe onder opgave van de namen van de door hen te begeleiden niet-ingezetenen het verzoek hebben gedaan.' Zo luidt de wet op Hazardspelen van 1962. Simpel gezegd: Surinamers zouden hier niet mogen komen. Maar gelukkig voor al die casinobezoekers is deze wet van 1962 achterhaald en houdt niemand zich er meer aan. Casino Mirage, dicht bij Spanhoek in de Domineestraat organiseert op gezette tijden grootse verlotingen voor zijn trouwe bezoekers.

Het aantal casino's in Suriname is de laatste jaren gigantisch gestegen. De gokhuizen blijken ideale dekmantels te zijn voor het witwassen van drugsgeld. Opmerkelijk is dat dit allemaal plaatsvindt onder het toeziende oog van de staat. Officiële cijfers over het aantal gokverslaafde Surinamers ontbreken, maar als je als leek naar de bezetting van de verschillende casino's kijkt, dan ligt het antwoord voor de hand.  – H.

*Spanhoek, toen*

# *Het stadscentrum*

Spanhoek

Wie midden op de dag op Spanhoek staat, beseft goed dat hij in het stadscentrum is. De drukte, het verkeer en lawaai liegen er niet om. Tot vier uur en dan is het alsof iemand het licht heeft uitgedaan. Behalve wanneer het koopavond is. Spanhoek is echt in het winkelcentrum en ook in de koloniale tijd was het een spanhoek, want reeds toen kwamen er vijf straten bijeen. Een van die straten is de Heiligenweg en op de plek waar nu het hoofdkantoor van Telesur staat, was honderd jaar geleden het beginstation van de stoomtrein die naar de goudvelden ging. Het was een schattig jugendstil treinstationsgebouwtje. Als de trein met een schrille fluittoon zich in beweging zette, reed hij sissend en vonken uitbrakend met een vaartje van zo'n tien kilometer per uur langs de markt, door de Saramaccastraat naar Beekhuyzen om vervolgens langs het Pad van Wanica naar Lelydorp, Onverwacht, Zanderij en zo verder te gaan. De trein die om zeven uur uur 's morgens uit Paramaribo vertrok was pas om drie 's middags op Republiek en de reis naar het eindpunt Kabel duurde wel drie dagen.

Waar nu de fontein is, was honderd jaar geleden ook water in een bak, maar dat was de drinkbak voor de

*Spanhoek nu*

ezels die de ezelkarren trokken en hier werden uitgespannen. Bij uitzonderlijke droogte bracht de trein 's middags bakken water van Republiek en wachtte de bevolking van Paramaribo met emmers en blikken water de trein op.

Iets verderop in de Domineestraat was Bellevue, de eerste echte bioscoop in Suriname, nu helaas, net als zijn grote concurrent Luxor en alle die na hem kwamen, ook alweer ter ziele. In Paramaribo zijn er geen bioscopen meer.

Maar daar komt verandering in. Want stichting The Back Lot bouwt een nieuwe bioscoop met diverse filmzalen. Deze komt evenwel niet in het centrum. – C.

De drukte in dit gebied is niet veranderd. Rond één uur 's middags uur krioelt het in de Domineestraat van de mensen. Het is het tijdstip dat de scholen uitgaan en dat de pauze begint voor de kantoren. De Domineestraat is sinds tijden de belangrijkste winkelstraat, zegt Theo Linscheer. Hij werkt in de Domineestraat bij Kersten, het oudste bedrijf in Suriname. 'We zitten hier al meer dan twee eeuwen, om precies te zijn 238 jaar. De oprichters van Kersten zijn ambachtelijk begonnen als kleermaker, in deze straat in een van die gebouwen hier. Waar het warenhuis staat, waar we nu tegenaan kijken zijn ze begonnen met een handelszaak. Je kunt zeggen, de eerste handelszaak van dit continent.' Volgens Linscheer is de Domineestraat nog steeds een van de belangrijkste straten van Paramaribo. 'Vroeger was het alleen deze straat. Maar nu moet je spreken van een blok. De Steenbakkerijstraat, de Jodenbreestraat en zeker ook een stukje Waterkant en de markt horen er nu bij. De Domineestraat heeft een functie, ook al omdat het in wezen de koppeling is van het noorden met het zuiden, dus het verkeer moet hier langs.

Het grootste probleem met de Domineestraat is dat als je nu kijkt, drie uur, het een goed gevulde straat is, maar over anderhalf uur, is het er uitgestorven.

Dat is heel jammer, vroeger was het anders. Ik kan

me herinneren dat we hier juist kwamen als jeugdigen tussen half zes en zes en dan was het behoorlijk druk.

Maar ik denk dat in het begin van de tachtiger jaren, de militaire periode, er een beslissing is genomen, zogenaamd in het voordeel van het winkelpersoneel. Moeders moesten na school bij hun kinderen thuis zijn. Dus moesten de winkels om vier uur dicht.' De vroegere winkeltijden waren ideaal voor een tropisch land als Suriname. Van acht tot één en van half vijf tot zeven. Dus op het heetst van de dag was alles dicht en konden de mensen hun siësta houden. Vroeger woonden er gezinnen boven de winkels en die zijn weggetrokken. De stad sluit om vier uur. Dat alles maakt dat het nu een dode stad is in de avonduren en dat is heel jammer.

Om vijf uur is het ook voor Ewald met zijn schaafijskar tijd om te gaan. Geen business meer, zegt hij. Iedereen is thuis. Al acht jaar staat hij met zijn schaafijswagen op de hoek van de Domineestraat en de Steenbakkerijstraat.

De hele dag schaaft hij met een ijzeren schaaf over een enorm blok ijs. Om de kar heen hangen allemaal flessen met limonadesiroop in verschillende kleuren en vruchtensmaken zoals markoesa, mopé, orgeade, tamarinde en zuurzak.

Per dag verkoopt hij ongeveer 150 bekertjes schaafijs. 'In het weekend is het meer. Dan komen vooral die bakra's, maar ook de Surinamers die in Nederland wonen. Ze hebben gezegd dat ze in Nederland reclame gaan maken voor deze schaafijswagen.'

Ons gesprek zorgt voor een lange rij wachtenden bij

de wagen. 'Het schaven vergt ook wat behendigheid,' zegt hij lachend. 'Nee, ik denk niet dat jij het zou kunnen. Als het druk is moet je snel zijn om die mensen vlug te helpen, anders lopen ze weg. Kokos en orgeade met melk, dat zijn de favorieten. Die gaan heel hard. Vooral bij de schoolkinderen. Maar dat komt omdat zij korting krijgen. Ze hoeven maar 1 srd te betalen.' De wagen van Ewald is nog maar een van de weinige schaafijswagens die je in de binnenstad ziet. Nee, niet iedereen mag zomaar verkopen, zegt hij. Tegenwoordig heb je een niet alleen een vergunning nodig, maar ook een keuringsbewijs.

In het blok dat door Theo Linscheer genoemd wordt, de Steenbakkerijstraat, de Jodenbreestraat en het stukje Waterkant staan vier belangrijke religieuze gebouwen. Op het eind van de Jodenbreestraat, in de Keizerstraat, staat ons paradepaardje. De synagoge en de moskee als een echtpaar naast elkaar. Het is het toppunt van de harmonische tegenstelling. De twee gebouwen naast elkaar zijn ondertussen een bezienswaardigheid geworden. Elke dag zie je groepen toeristen zich vergapen voor de hekken en komen de camera's tevoorschijn.

'Heel bijzonder,' zegt een mevrouw met een zachte g. Overal in de wereld schieten deze twee groepen elkaar dood. Ze gaat voor de synagoge staan en vraagt aan haar man of de moskee ook op de foto komt.

Van achter het hek van de synagoge kijkt Lilly Duym lachend toe. De ondervoorzitter van de joodse gemeente in Suriname blijft zich verbazen over de reacties van

*Hoe harmonisch Paramaribo kan zijn: links de moskee, rechts de synagoge*

de toeristen. 'Als er mensen komen en zeggen dat dit een bijzondere plek is, hoe kan dat nou? Een moskee naast een synagoge, dat is toch onmogelijk? Dan zeg ik, wel, hier vinden we het heel normaal. Het valt niet eens op. Ik zou het vreemd vinden als het niet zo was. En we zijn verweven met elkaar. Onze kinderen trouwen met elkaar.

'Ik kan me nog goed herinneren, het is drie jaar geleden, toen hadden we het pesachfeest. Er waren ontzettend veel toeristen hier. Joden, ook niet joden, die met ons de seider vierden. En voorafgaand aan de seider hadden we een dienst en de dienst was afgelopen, we liepen naar buiten en het moment dat we naar buiten liepen, begon de bel van de Grote Stadskerk, hier vlakbij in de Steenbakkerijstraat te luiden. En toen dat opgehouden was, begon de moskee hiernaast met zijn gebed.

Nou iedereen stond, want het ging achter elkaar, gewoon met kippenvel op de huid. Zo geweldig was het, het klinkt als muziek in je oren.'

Behalve het hoofdgebouw staan er overal op het terrein nog authentieke gebouwen die nog steeds gebruikt worden.

De plek waar nu het kantoor is, was de vroegere Sjamaaswoning, de wachterswoning. Iets verderop staat het ritueel bad dat door vrouwen gebruikt werd na de menstruatie. Tegenwoordig wordt het meestal gebruikt voor mensen die toetreden tot het jodendom. Het is net zoiets als een doop. Drie keer word je ondergedompeld. – H.

De joodse gemeente telt nu nog maar 149 leden. In de gloriedagen waren er twee zelfstandige gemeenten en honderden leden. De Portugese of Sefardische joden en de Hoogduitse of Asjkenazische joden.

Vanaf 1734 was de synagoge van de Keizerstraat die van de Hoogduitse joden en de synagoge van de Portugese joden staat aan de Heerenstraat met de achterzijde aan de Gravenstraat, al is dat gebouw nu een internetcafé. Eeuwig zonde, denken veel Surinamers, want dit zou nu de oudste synagoge zijn (de eerste was die van 1685 op Joden Savanna). Het gebouw bij de synagoge, op de hoek van de Klipstenenstraat was altijd het huis van de rabbi. Hier woonde van 1953-1955 de in Nederland bekende Jaap Meijer (vader van Ischa), die in die tijd de functie van rabbi vervulde.

Hij was ook geschiedenisleraar en ik heb zelf in 1953 en 1954 les van hem gehad samen met Theo van Philips, Michaël Slory, Ann Bromet en Henck Arron, de premier die ons de onafhankelijkheid bracht. In de roman *Hoe duur was de suiker?* laat ik Rebecca en haar man in het rabbihuis wonen. – C.

Sinds 2004 is de gemeente aangesloten bij de overkoepelende liberale wereldorganisatie. Een groep die niets verandert aan de wetten van de Thora, maar wel aan de wetten die gemaakt zijn in het tijdperk waarin de rabbijnen het voor het zeggen hadden.

Zoals de wetten die voorschrijven dat vrouwen niet mee hoeven te doen met de dienst, of dat vrouwen niet meetellen voor het quorum. Deze organisatie maakt het ook makkelijker voor kinderen die een joodse vader hebben om toe te kunnen treden tot het jodendom. De joodse gemeente in Suriname is bijzonder. Door de assimilatie die er in voorgaande decennia plaats heeft gevonden, is er een gemeenschap ontstaan die toch bijzonder is.

'Ja,' zegt Jules Donk, voorzitter van de joodse gemeente. 'In Suriname heb je vanaf het prille begin eigenlijk al een vermenging gehad van de joden met andere bevolkingsgroepen. Men zegt wel eens, als je hard genoeg aan de stamboom van de Surinamer schudt, dan valt er ergens wel een jood uit.'

De impact die de vermenging heeft gehad op de Surinaamse samenleving, is heel groot geweest. Er zijn nog steeds aspecten uit het jodendom die je bij de creolen tegenkomt. Zoals ons eten bijvoorbeeld, gerechten zoals pom en fyadu, maar ook de woorden die oorspronkelijk uit het Hebreeuws komen zijn overgenomen van de joden.'

Op een gegeven ogenblik ging de joodse gemeenschap sterk achteruit. Dat begon al in de 19e eeuw, omdat de Portugese joden hun zonen wegstuurden naar andere landen om na hun bar mitswa-leeftijd, dus na dertien jaar, een joodse partner te vinden, want die waren er hier niet. En zo gingen de zonen weg en bleven de dochters achter. En die trek bleef, ze bleven vertrekken tot de 20e eeuw. Begin 20e eeuw was het joodse leven zo achteruitgegaan, dat mensen met massa's vertrokken en in de jaren 50 gingen de laatsten weg.

Voor de onafhankelijkheid en na de staatsgreep van de militairen, zijn ook een heleboel die het zich konden permitteren om ergens anders te beginnen, vertrokken. Wat achtergebleven is in Suriname, is een enkeling die hier hele grote belangen had en arme joden, die wij als deze kleine gemeente nu nog proberen te helpen.

De synagoge aan de Keizerstraat is gebouwd in 1853, precies een eeuw na de synagoge aan de Heerenstraat.

Als je binnenkomt is de vloer bedekt met een paar centimeter zand. 'Wij weten niet exact wat daarvan de reden is, maar de meest voor de hand liggende reden is dat hiermee de geboorte van het jodendom herdacht wordt, de uittocht uit Egypte. Het jodendom is in de woestijn Sinaï ontstaan en geboren en dat gedenkt elke synagoge met een beetje zand. Maar het zand hier was ter preventie van brand. Want het ligt ook op de vliering en op de vrouwengalerij en op het egaal, de heilige ark waar de Thora ligt. Voor zover we weten zijn er zes synagogen op dit westelijk halfrond met deze hoeveelheid zand,' vertelt Lilly Duym.

*Rondleidingen, elke dag behalve op vrijdag (vanwege de start van de sabbat) van 09.00-14.00 uur.*

Grote Stadskerk

De Grote Stadskerk, de 'Mama Kirki' van de Evangelische Broeder Gemeente (EBG) staat aan de Steenbakkerijstraat in het centrum van Paramaribo. In 1776 is hier het werk van de EBG in Paramaribo formeel begonnen. De kerk groeide sterk, vooral na de afschaffing van de slavernij in 1863.

De Evangelische Broedergemeente is een overwegend creoolse kerk. Bij bijzondere diensten komen de kerkgangers soms met een angisa (hoofddoek) naar de kerk. In heel bijzondere gevallen dragen sommige vrouwen zelfs een koto, de traditionele klederdracht van de creolen. Het is dan net alsof de tijd is stil blijven staan. Als ik om negen uur de kerk binnenloop is het orgel aan het spelen. Voor me zit een groep ouders met hun kinderen die vandaag gedoopt zullen worden.

Aan de linkerkant van de kerk zitten ongeveer tien dames allemaal in het wit gekleed met een witte angisa op. Als de dominee het eerste lied aankondigt vult het hele gebouw zich. De EBG'ers staan ook bekend om hun zang. De verschillende liederen tijdens de dienst worden meerstemmig gezongen en geven je het gevoel dat je zonder geoefend te hebben meedoet aan een korenfestival. Zelf ga ik altijd naar de Noorderstadkerk aan de Henck Arronstraat, precies tegenover 's Lands Hospitaal, het oudste ziekenhuis van Suriname. Het gebouw met zijn karakteristieke torenspits is in 1906 gebouwd. – H.

*Tijden van de kerkdiensten:*
*zaterdag, 19.00 uur;*
*zondag, 09.00 uur.*

Kwakoe

Op de hoek van de Dr. Sophie Redmondstraat en de Zwartenhovenbrugstraat staat Kwakoe. Hij heeft net zelf de ketenen verbroken en kijkt frank en vrij de wereld in. Het beeld van Kwakoe staat er vanaf 1 juli 1963 en de geschiedenis van het beeld is net zo bijzonder als het beeld zelf.

In het jaar 1963 was er in Suriname een sfeer van ge-

*Het beeld van Kwakoe*

spannen verwachting. Het was het honderdjarig jubileum van de afschaffing van de slavernij en iedereen, vooral de NPS-regering, vond dat dit op speciale wijze gevierd moest worden.

Jozef Klas, een natuurtalent en op les bij Nola Hatterman was zo geïnspireerd door die sfeer dat hij van klei op zijn erf een beeld maakte van een jongeman die zich van zijn slavenketenen bevrijdde. Het werd alom bekend en mensen gingen naar het beeld kijken. De overheid kocht het beeld en plaatste het op de plek waar het nu nog staat. Het kreeg de naam Kwakoe, omdat Kwakoe de Afrikaanse naam is voor jongens die op woensdag geboren zijn en 1 juli 1863 was een woensdag.

Er zijn mensen die het beeld mystieke kwaliteiten toedichten, vandaar dat er aan zijn voeten vaak offers te zien zijn, in de vorm van een kruik of een prapi (aardewerk schaal gemaakt door de indianen) met fruit, flessen sterke drank etc. en op hoogtijdagen krijgt Kwakoe een pagni (omslagdoek) aan en soms zelfs een hoofddoek om.

De plek waar Kwakoe staat is het drukste kruispunt in Paramaribo, eindpunt van vele bussen. Tegenwoordig is er ook een kleine markt, de Kwakoemarkt. Ondernemers en zakenlieden vonden dat de vele straatventers bij de ingang van hun winkels aan de stad een armoedige uitstraling gaven. Speciaal voor deze groep venters is de Kwakoemarkt gebouwd waar je behalve groente en fruit ook veel handwerkkunst kunt krijgen.

De drukke Dr. Sophie Redmondstraat was vroeger de Steenbakkersgracht. Waarschijnlijk is er vroeger een Steenbakkerij geweest aan het begin en de gracht maakte het gemakkelijk om de stenen te vervoeren. Maar de gracht eindigde bij de Wanicastraat, nu de Johan Adolf Pengelstraat. Het startsein voor het graven van de rest van de gracht is gegeven door gouverneur van Raders die met hoogwaardigheidsbekleders zelf begon te graven om aan vrije zwarten te laten zien dat lichamelijke arbeid geen schande was.

De dam langs de gracht heette lange tijd Kanaaldam en werd bij uitbreiding van Paramaribo later ook Steenbakkersgracht genoemd. In dat deel woonde Dr. Sophie Redmond. Na haar overlijden werd de hele straat naar haar vernoemd. Ze was een zeer sociaal voelend mens die veel patiënten gratis hielp en vooral veel aan voorlichting deed. Oudere Surinamers herinneren zich vast nog wel haar radioprogramma *Datra, mi wani aksi yu wan sani* en bij de eerste algemene verkiezingen het toneelstuk *Misi Yâna e go na stembus*. Dr. Sophie Redmonds voortreffelijke leefwijze maakte haar onsterfelijk in Suriname.

 Zij was wel niet de eerste vrouw die in Suriname aan de Geneeskundige School studeerde. Dat was Cellie Fernandes die in 1913 al als geneesheer afstudeerde. Sophie Redmond was wel de eerste creoolse vrouw die geneesheer werd en ook praktijk hield.  – C.

*De Grote Stadskerk*

*Frimangron, hier het geboortehuis van Anton de Kom, bekend van Wij slaven van Suriname*

## *Frimangron*

Als we Kwakoe voorbij zijn en in zuidelijke richting verdergaan, komen we in de eerste volkswijk van Paramaribo met de betekenisvolle naam Frimangron.

Arme Europese jongens die als militairen van de Geoctroyeerde Sociëteit van Suriname hier kwamen, konden eigenlijk niet veel uitrichten tegen de marrons. Gouverneur Nepveu besloot in 1770 om voor de strijd tegen de marrons slaven in te zetten die beter bestand waren tegen het klimaat en het leven in het tropisch regenwoud. Het gouvernement kocht sterke jonge slaven voor dit doel. Zij werden het 'Korps Zwarte Jagers'. Maar ook het gouvernement zag wel in dat het niet erg aannemelijk was dat deze mannen tegen hun eigen mensen in het bos zouden vechten en daarom werd aan dit korps de vrijheid beloofd als ze vijf jaar trouw gediend hadden. Ze hadden een uniform dat bestond uit een broek en een rode muts, vandaar dat ze de naam kregen van 'Redimusu'.

Als de Redimusu vrij werd na vijf jaar kreeg hij een stukje grond dat hij kon beplanten om zo in zijn eigen onderhoud te voorzien. Dat stukje grond was vlak buiten de grens van het toenmalige Paramaribo. Ze waren daardoor toch dichtbij genoeg om in de stad te kunnen werken als tuinman of wachter of wat dan ook. Het terrein waar deze mensen een lapje grond kregen was omgrensd door de Drambrandersgracht en Zwartenhovenbrugstraat, Limesgracht en Wanicastraat. De stukjes terrein waren een halve ketting breed en drie ketting lang, dus 600 vierkante meter.

In latere tijd heeft het gouvernement hier ook stukjes in huur of erfpacht gegeven aan slaven die op andere manier gemanumitteerd werden. Het was het terrein van de vrije mensen, vandaar de naam Frimangron. Van oudsher wonen hier dus veel creoolse families en er zijn ook nog typisch creoolse huisjes te zien. Het waren arme mensen, dus had men ook heel kleine huisjes.

Eigenlijk zou men Frimangron de eerste volkswijk van Paramaribo kunnen noemen. Op het eind van de 19e en begin 20e eeuw was er een duidelijke trek naar de stad. De vrijgekomen slaven verdienden te weinig op de vroegere plantages. Ze kwamen naar de stad om werk te zoeken en om hun kinderen de kans te geven naar school te gaan. Creoolse families te Frimangron verkochten soms een deel van hun terrein, maar nog vaker werden op de lange erven kleine huisjes gebouwd die verhuurd werden aan de nieuwkomers.

Frimangron werd een druk bevolkte wijk met een sterk sociaal en maatschappelijk leven. De kerk en de school vervulden een belangrijke functie. De Rust en Vredestraat loopt dwars door Frimangron. De hernhutterkerk van plantage Anna's Zorg werd in delen naar de stad overgebracht en herbouwd midden in Frimangron, op de hoek van de Rust en Vredestraat en de Gemenelandsweg. De gehele 20e eeuw was dit het centrum, het kloppend hart van Frimangron. De kerk had een klokkentoren en een bel die 's morgens om acht uur, midden op de dag om twaalf uur en 's middags om zes uur luidde. 'Moeder Anna roept ons,' werd dan gezegd in Frimangron.

De katholieken hadden er de Rosakerk en de jongens- en meisjesschool.

Veel voormalige 'Frimangronjongens' hebben het ver geschopt en zijn belangrijke leidinggevende figuren in Suriname geworden, die nog steeds trots zijn op hun Frimangronverleden, zoals bijvoorbeeld president Ronald Venetiaan en ex-voorzitter van de Rekenkamer, Hans Prade.

In de loop van de tijd is men het gebied tot de Dr. Sophie Redmondstraat ook Frimangron gaan noemen. Door de verstedelijking is de prijs van de grond zeer gestegen. De wijk is eigenlijk minder bewoond en er komen steeds meer bedrijven.


De Rust en Vredestraat heet nu de Fred Derbystraat. De naam Rust en Vrede was indertijd heel logisch. Deze straat was namelijk de straat van de begraafplaatsen. Waar nu het Centrum Andres Bello staat, was in de 19e eeuw de begraafplaats Jacobusrust. Deze begraafplaats is in de Tweede Wereldoorlog geruimd en op deze plek werden in 1943 opvangwoningen gebouwd voor de joodse vluchtelingen.

Reeds in het begin van de Tweede Wereldoorlog zijn enkele joodse families uit Nederland erin geslaagd naar Suriname te komen. De bevolking van Suriname is in de Tweede Wereldoorlog zeer begaan geweest met het lot van de joden in Europa. Op 29 december 1942 is er in theater Bellevue een protestbijeenkomst geweest. Men protesteerde tegen het feit dat de joden uit Nederland en andere Europese landen werden afgevoerd naar concentratiekampen. Op de protestbijeenkomst werd de eerste zondag in januari uitgeroepen tot 'Algemene gebedsdag voor de Joden'. Op die dag is er in alle gebedshuizen, de synagoges, alle christelijke kerken, in alle mandirs en moskeeën gebeden voor de joden. De Staten van Suriname kwam op de eerste werkdag van januari 1943 met een belangrijk statement: Elke jood die kan vluchten uit Europa, is welkom in Suriname!

Er werden opvanghuizen gebouwd. De vluchtelingen zijn dus niet opgevangen in tenten, maar in speciaal voor hen gebouwde huizen (twee onder een dak, woonkamer, keukentje, twee slaapkamers en een terrasje). De boodschap is in ieder geval overgekomen, want in december '43 kwam het Portugese schip *Nyassa* met aan boord ongeveer 220 vluchtelingen uit Nederland en België aan. Het schip mocht de haven van Suriname niet in, want Portugal was neutraal en het Nederlandse grondgebied was in oorlog. Daarom werd het Surinaamse schip *Prinses Juliana* gestuurd om de mensen op te halen, vlak buiten de territoriale wateren. Het was een zeer hachelijke onderneming voor de arme vluchtelingen, die middernacht via een touwladder van de ene boot in de andere moesten overstappen. De joodse vluchtelingen kregen hier zoveel mogelijk werk in hun eigen branche, de kinderen gingen naar school. Ze zijn hier geweest tot het einde van de oorlog.

De huizen van Jacobusrust waren zo goed van kwaliteit dat ze nog veertig jaar daarna zijn blijven staan en bewoond werden door de middenklasse, dus politieagenten, onderwijzers, douaneambtenaren etc. Het is jammer dat er niet één is blijven staan als bewijs van voorbeeldig gedrag van een natie ten opzichte van 'asielzoekers' in nood!

Via de vroegere Rust en Vredestraat komt men in het Molenpad en dan in de Koningstraat, waar aan het begin de Shri Vishnu-mandir staat. Iets verder in de Wanicastraat staat de veelkleurige Arya Dewaker-mandir die de grootste mandir in het Caribisch gebied is.

Zo komen we op Zorg en Hoop. Deze wijk is de eerste echt geplande woonwijk in Paramaribo. Na de Tweede Wereldoorlog barstte de stad bijna uit haar voegen en kocht het gouvernement van toen de vroegere plantage Zorg en Hoop aan. Er kwam een wijk met villawoningen, een wijk met volkswoningen en één met middenstandswoningen. Ze staan er nog, alleen zijn er bijna geen oorspronkelijke volkswoningen meer; de eigenaars hebben er stukken aan gebouwd, gelukkig maar, want sommige van die huisjes waren van minieme afmetingen. – C.

Ik ben geboren in zo'n heel klein huis aan de Vlierstraat op Zorg en Hoop. Omdat ik heel jong naar Nederland ben vertrokken kan ik me van die tijd niet veel meer herinneren. Mijn moeder woont nog in hetzelfde huis, alleen is het nu volledig verbouwd. Wat nu de woonkamer is, was het volledige huisje. Het gevoel van ruimte dat we nu hebben maakt het moeilijk om te begrijpen dat er in die kleine ruimte een hele familie heeft gewoond. De meeste huizen in de wijk zijn inmiddels verbouwd, maar bij ons in de straat zijn er nog een aantal authentieke woningen. Niet meer dan 30 vierkante meter en in de oorspronkelijke kleuren. Groen met geel. De wijk heeft zich in de afgelopen jaren ontwikkeld tot een middenstandswijk. Veel van de eerste bewoners wonen er nog, waardoor er een familiaire sfeer hangt. – H.

Na Zorg en Hoop zijn veel vroeger plantages en voormalige boerderijen vlakbij Paramaribo woonwijken geworden zoals L'Hermitage, Uitvlught, Peu et Content, Munderbuiten en aan de noordzijde Ma Retraite, Rainville, Elisabethshof, Blauwgrond, Geijersvlijt.

Volkswoningen werden door de overheid gebouwd op Flora, Peu et Content, Latour en Geijersvlijt. Natuurlijk zijn er ook wijken waar mensen zelf allerlei woningen hebben gebouwd. In de Fresolaan bijvoorbeeld zijn het villa's die soms wel lijken op woningen van rijke filmsterren. Ons eigen kleine Beverly Hills! Terwijl het in Livorno, bijvoorbeeld aan de Toekomstweg en Ramgulanweg, vaak huisjes zijn van goedkoop of tweedehands materiaal, wat de wijk een armoedig en rommelig aanzien geeft. Tegenstelling! Harmonisch? – C.

*Authentieke volkswoning in de wijk Zorg en Hoop*

*Tegenstellingen ook in de woningen: luxe villa in Paramaribo*

*Holi Phagwa, Hennah Draaibaar in actie*

## *Feestdagen*

De belangrijkste religieuze feestdagen van alle etnische groeperingen zijn in Suriname nationale feestdagen. 'Wat zullen jullie er dan veel hebben,' zeggen buitenstaanders wel eens, maar dat is niet zo, want wij vieren wel Kerst en Pasen, maar geen Tweede Pinksterdag en ook geen Hemelvaartsdag, maar wel Holi Phagwa en Id Ul Fitre of Bodo en natuurlijk ook 1 juli, de Dag der Vrijheden. Deze feestdagen worden werkelijk door iedereen gevierd. U zou eens met Kerst door Paramaribo moeten rijden: de huizen van de hindoes en moslims zijn vaak het prachtigst versierd. Vraag maar aan alle tieners welke nationale feestdag ze het leukst vinden. Het antwoord zal vast zijn: Holi Phagwa of Bodo. Ik kan er echt van meepraten, want toen mijn man ambassadeur was en we in het buitenland woonden, liepen onze tienerzonen op deze dagen rond met een gezicht als een oorwurm. Constant werd er op de klok gekeken en iedere keer hoorden we mopperen: 'En nu doen die anderen in Suriname zus of zo.' Een van de zonen heeft zelfs een heel jaar gespaard voor een ticket om zo voor Phagwa gedurende vijf dagen in Suriname te zijn.

Goede Vrijdag is voor de christenen hier een zeer ingetogen religieuze dag, een dag van bezinning, met kerkdiensten om drie uur 's middags. Toevallig was het zo dat Holi Phagwa, wat een zeer uitbundig feest is, tweemaal op Goede Vrijdag viel. De eerste keer, in de jaren 70, besloot de hindoegemeenschap zelf dat ze Holi Phagwa op Tweede Paasdag zou vieren. De laatste keer dat die twee weer op dezelfde dag vielen was in 2002 en men nam het besluit om de dag heel stil en ingetogen te houden tot vier uur 's middags en daarna met het uitbundige te beginnen. Ja, bij ons werkt het zo!

Wat dit betreft zou Suriname voor veel landen een voorbeeld kunnen zijn. – C.

Een van de feesten die in heel Suriname gevierd worden is Diwali, het lichtjesfeest. Het is geen nationale feestdag, maar wordt wel door iedereen gerespecteerd. Diwali is een van de belangrijkste feesten in het hindoeïsme en wordt gezien als het feest van 'de overwinning van het goede over het kwade. De overwinning van het licht over de duisternis'. De eerste keer dat ik het feest van dichtbij meemaakte was toen ik uitgenodigd was door Roy en Claudine. Ik had al gehoord dat je er voor zonsondergang moest zijn en dat de mensen én hun huizen schoon horen te zijn tijdens het feest.

'Het is te vergelijken met Kerst,' zegt Claudine. 'Dan hou je ook grote schoonmaak om God in je huis te mogen ontvangen.'

Tijdens Divali wordt de hindoegodin Lakshmi (van het licht, de schoonheid, rijkdom en voorspoed) vereerd.

Roy is hindoe en Claudine katholiek. Twee geloven op een kussen, die al jaren gelukkig getrouwd zijn. Als ik binnenkom is Roy nog bezig met de laatste dya, een van klei gebakken lampje dat wordt gevuld met geklaarde boter. Hij rolt van watten een lontje dat hij in de lamp stopt en bij de andere lampen op tafel zet. Na zonsondergang gaat de eerste dya aan. En alle andere worden met deze aangestoken.

Tot mijn grote verbazing begint Claudine te bidden en is het gebed gericht tot God. Ook Roy bidt mee.

'Is helemaal niet vreemd,' zegt Claudine. 'Diwali is een religieus feest en daar hoort bidden bij. Ook de hindoes bidden op een dag als vandaag. Meestal bid je voor elkaar. Voor de vrede, en voor degenen die er zijn maar ook voor degenen die er niet zijn, maar me wel dierbaar zijn.'

Als het gebed is afgelopen rennen de kinderen door het hele huis met de lichtjes in hun hand. 'In elke kamer moet er een,' zegt Claudine. 'Het hele huis moet verlicht worden. Ook buiten.' Overal zie je voor de ramen de lichtjes verschijnen. 'Diwali is een familiefeest en zodra alle lichtjes geplaatst zijn, bellen we de familie om 'Subh diwali' te wensen. De dya's verwelkomen godin Lakshmi in elk huis, vandaar dat iedereen thuisblijft.

Diwali is een van de best gevierde feesten binnen de hindoecultuur. Het verenigt alle leden van de gemeenschap, jong, oud, rijk of arm.

Diwali valt elk jaar op een andere dag, aangezien de datum wordt bepaald door de hindoekalender. Maar het wordt altijd in de maand oktober of november gevierd.

Uitgaanscentrum

Elk weekend moet je stapvoets rijden als je door het uitgaanscentrum van Paramaribo rijdt. Door het aanbod van goede restaurants, bars en dansgelegenheden is in het weekend dit gedeelte van de stad erg in trek. Het uitgaansgebied van Paramaribo ligt tussen het Fort Zeelandia en hotel Torarica. Het hart van het uitgaanscentrum is de populaire bar/restaurant 't Vat. Van oudsher is dit het meest bekende café-restaurant van Paramaribo.

't Vat was een vriendencafé met een vaste groep bezoekers, dat langzaam is gaan groeien naar wat het nu is. 'Onze ingang was vroeger aan de straatkant. Het was een kleine gezellige bar waar veel vrienden samenkwamen,' vertelt Robin Roemer van 't Vat. 'Vijftien jaar geleden is er besloten om naar het plein te verhuizen. Eerst met vier of vijf houten terrasstoelen en daarna hebben we steeds uitgebreid. Nu is het een plek waar iedereen zich thuis voelt.'

De eerste tafel waar je tegen aanloopt als je bij 't Vat aankomt, is die van de kunstenaar Erwin de Vries. Maker van het Nationaal Monument Slavernijverleden dat op 1 juli 2002 in aanwezigheid van Koningin Beatrix in Amsterdam onthuld werd. Bijna elke bezoeker die langs hem loopt, stopt om even een babbeltje te ma-

*Feestvierende Surinamers in actie*

ken. 'Ik ben hier bijna elke avond. Niet lang, twee uurtjes. En ik zit altijd hier aan de straatkant. Zo heb ik goed zicht op alles wat er voorbijkomt. Er komt zoveel volk, het is leuker om hier te zitten dan naar een toneelstuk bij Theater Thalia te gaan.

'Mijn eigen tafel,' zegt hij. 'Zodra ik naar huis ga wordt die meteen weggehaald.'

't Vat wilde op zijn eigen manier de kunstenaar in het zonnetje zetten en gaf hem een eigen tafel. 'Ik heb in drie kwartier een vrouwenfiguur geschilderd. Geïnspireerd door het mooie figuur van minister Amafo (Transport, Communicatie en Toerisme), die erbij was toen ik schilderde. 'Kijk,' zegt hij en haalt de spullen van de tafel. 'Hier zie je de borsten en daar de billen.

Ik heb haar nog gevraagd of ik een portret van haar mocht maken. Ik heb niets meer gehoord. Ze is blijkbaar niet geïnteresseerd.'

Aan zijn tafel schuiven twee vrienden aan. 'Wat drinken jullie,' roept hij, terwijl hijzelf uit een meegenomen flesje zijn eigen glas vult. 'Ik geef altijd rondjes, maar zelf drink ik mijn eigen lemmetjessap dat ik zelf maak. Zalig en gezond. Ik heb een boom in de tuin staan. Ik vertrouw al die sappen niet zo. Je weet niet wat ze erin stoppen. Dat is net zo met ons water. Tegenwoordig wil niemand meer uit de kraan drinken. Terwijl dat het beste is. We hebben hier het beste drinkwater, altijd beter dan die rommel die je in flessen koopt. Er moet iets aan toegevoegd zijn, anders kan je het niet zo lang houdbaar maken. Zij mogen wat te drinken bestellen, maar mijn drankje neem ik zelf mee.'

't Vat is ook een ontmoetingsplek voor Nederlandse stagiaires geworden. De laatste vier jaar is Suriname overspoeld met stagiaires die door het gemak van dezelfde taal werkelijk in alle sectoren stage lopen. Aan een van de tafeltjes bij 't Vat zit Margot, 22 jaar, die nu al twee jaar in Suriname woont. Ze ontwerpt keukens, vertelt ze en dat gaat heel goed. Aan haar tafel zitten nog twee vriendinnen die net aangekomen zijn.

Genietend van hun sateetjes vertellen ze dat ze beiden op een school stage gaan lopen. Margot komt uit hetzelfde dorp in Brabant en heeft ze voor Suriname warm gemaakt. Zelf is zij twee jaar geleden naar Suriname gekomen voor stage en is niet meer weggegaan.

Het uitgaanscentrum is ook regelmatig het podium voor speciale evenementen. Maar het grootste evenement dat hier plaatsvindt is Owru-yari. – H.

Ik weet niet of er een ander land is waar het oude jaar op zo'n geweldige manier wordt afgesloten en het nieuwe wordt ingeluid.

'Was dit vroeger ook zo?' wordt mij wel eens gevraagd.

Nee, vroeger waren er wel overal feestjes en werd er ook veel vuurwerk afgeschoten, maar dat uitbundige van met zijn allen op straat, is iets van de laatste twintig jaar. Het is begonnen als reactie op de avondklok tijdens het militaire regiem. De Surinamers waren heel verontwaardigd over die avondklok. Ze vonden het een aantasting van een mensenrecht en een grove beperking van hun vrijheid. Zelfs de militairen begrepen dat er geen avondklok kon zijn op oudjaar, dus werd op die dag een uitzondering gemaakt, met het gevolg dat men op die dag dus werkelijk gezamenlijk uit zijn dak ging. Zo is het begonnen en het is uitgegroeid tot iets dat uniek is voor Suriname. Net zoals men in de regio naar Trinidad en Curaçao gaat voor carnaval, komt men nu naar Suriname voor Surifesta, want zo heet de periode van 15 december tot 10 januari, met het ultieme hoogtepunt op oudejaarsavond. En de Surinamers uit Nederland? Wel, die boeken hun ticket soms al een jaar van tevoren. De tickets vanuit Nederland zijn heel duur in december. Maar dat geeft niet, ze komen met vliegtuigen vol. Surinam Airways en de KLM doen hun best om al die vliegtuigen ook gevuld te laten terugvliegen en bieden vanuit Suriname de goedkoopste tarieven aan, maar geen rechtgeaarde Suriname zal vóór oudjaar vertrekken. Er zijn van die enthousiastelingen die van Schiphol vertrekken op 30 december om vervolgens op nieuwjaarsdag weer naar Amsterdam te vliegen. Ze hebben 4000 euro voor een ticket betaald om 48 uur in Suriname te zijn en van die 48 uur hebben ze hooguit twee uur geslapen. Maar dat geeft niet, slaap halen ze wel in in het vliegtuig. Het belangrijkste is: ze waren met oudjaar in Suriname, ze waren erbij.   – C.

Ik was er ook bij in 1999 toen duizenden mensen zich verzameld hadden bij 't Vat om het nieuwe millennium te vieren. Het was niet mijn eerste Owru-yari in Suriname, maar deze heeft wel een onuitwisbare indruk op me gemaakt. De hele avond speelden er muziekgroepen op verschillende podia en schoof de mensenmassa iedere keer weer een stukje op. Net voor de jaarwisseling vroeg Edgar Burgos van de groep Trafassi het publiek om elkaar een hand te geven. En om 24.00 uur zongen we samen het Surinaamse volkslied. Ik keek om me heen en zag dat ik niet de enige was die moeite had met mijn emoties. Bij sommigen stroomden de tranen over de wangen. Zelf had ik een stil moment. Mijn droom om wat er ook gebeurt voor het millennium in Suriname te wonen was een feit. – H.

Reeds vanaf 15 december beginnen de eindejaarsfeesten, maar na Kerst wordt het allemaal heel hevig. Op 30 december is de beroemde Kawinanacht bij Tori Hoso. De Fred Derbystraat wordt afgesloten en men danst kawina op straat. Je kunt daar werkelijk iedereen zien dansen: ministers, parlementsleden, marktkooplui, zwervers, geestelijk leiders, deftige dames en oude moesjes.

En dan is het die ene dag! Oudjaar! Ik ga om tien uur 's morgens de straat op en ik weet dat ik niet voor elf uur 's nachts zal terugkomen. Eerst naar het Onafhankelijkheidsplein. Daar staat Elly Purperhart met haar grote kapa (grote ijzeren pan waarin tijdens de slavernij suikerrietsap tot suiker werd gekookt) Switi Watra (geurend water) om iedereen die dat wil een wasi te geven. Natuurlijk neem ik ook een wasi (lett. ritueel bad). Zuiverend water gaat over me heen terwijl Elly haar wens doet dat mijn leven in dit nieuwe jaar goed mag gaan. Mijn auto laat ik in de buurt van het Plein, want ik zal elders toch niet kunnen parkeren. Dan loop ik naar het Kerkplein, dat volgepakt staat met mensen. Ze schieten al: advocatenkantoren, de notariaten en verzekeringsbedrijven. Bij de RBTT Bank en de HEM hangen de pagara's al vanaf het dak. Ze zijn zo lang dat ze daarna nog meters lang op de grond liggen. Op het eind helemaal bij de nok van het dak, is de grote bom. Wanneer het vuur daar nadert, draaien de meeste omstanders zich om, ze trekken de schouders omhoog en stoppen de vingers in de oren. Ja hoor: Biediem! Wat een knal. Vervolgens applaus! Nu is de volgende aan de beurt. De stad hangt al vol rook. Wie last heeft van zijn luchtwegen, moet niet in Paramaribo zijn met oudjaar. Tegen half twaalf verplaatst de meute zich naar de Domineestraat, want daar is de pagara-estafette. Die begint bij Kersten en Kirpalani. De pagara's van Krasnapolsky en andere zaken zijn zo groot en lang dat ze op een truck vervoerd moeten worden en in drie of vier rijen dik op straat gelegd worden. Nog voor de ene in een grote knal geëindigd is, neemt de andere al over. Ja hoor, we staan opnieuw in het *Guinness Book of Records*: Suriname is het land waar er per hoofd der bevolking het meeste vuurwerk wordt afgeschoten op oudjaar!

De grote soundtruck met de band South South West rijdt langzaam door het centrum. Dat is het enige voertuig dat er mag rijden, want het centrum is voor verkeer afgesloten. Drie verdiepingen hoog wordt er op de truck muziek gemaakt, gezongen en gedanst en iedereen op straat doet mee. Als we na drie uur vuurwerk naar de zaken van Ninon en Galaxy in de Zwartenhovenbrugstraat lopen, zinken onze voeten weg in een dik tapijt van rode snippers. Er wordt gedanst in de galerij en op straat en je kunt hier rijst met bruine bonen of moksi-alesi eten. Je zou nu bij alle kantoren en alle banken kunnen binnenstappen, want overal wordt er gefeest en gedanst. Om een uur of vier ben ik in het Park, waar het er zeer heftig aan toegaat. Mensen die je misschien een heel jaar niet hebt gezien, kom je op deze dag tegen en iedere keer word je staande gehouden door deze of gene van wie je dacht dat die in Holland was, maar die toch voor een weekje is overgekomen. –C.

Het traditionele Owru-yari-feest van de president is ook de moeite waard.

De eerste keer dat ik daar aanwezig was dacht ik dat het een mooi moment was om president Venetiaan naar zijn goede voornemens te vragen. Niet alleen zijn persoonlijke maar vooral de plannen die hij had voor Suriname. Met mijn microfoon in de aanslag stapte ik op hem af. Hij pakte de apparatuur af en gaf die aan een veiligheidsman en trok me mee op de dansvloer.

Na dit dansje en een stevige brasa dacht ik dat ik een nieuwe poging kon wagen en liep weer naar hem toe.

Lachend zei hij: 'Je mag het weer proberen maar je weet wat de consequenties zijn.' Toen begreep ik dat er niet gewerkt wordt op Owru-yari, alleen gefeest. –H.

En dan gaan we naar 't Vat of althans we proberen het. Want het is er al stampvol. In de Kleine Combé is vanaf de Sommelsdijkstraat tot de brug alles volgepakt met mensen. De STREETPARTY! Duizenden mensen staan hier te dansen. Ik ga altijd op het balkon van 't Vat staan en heb zo een mooi overzicht. Ze gaan werkelijk uit hun dak. Er wordt met de band meegezongen, gedanst, geroepen. Vuurpijlen worden afgeschoten. Als er een vuurpijl wordt afgeschoten en in honderden roze sterren naar beneden dwarrelt, zijn alle mensen daar onder mij roze gekleurd. Het doet me denken aan Slory's mooie gedicht dat begint met de woorden 'Yu rose'. Ik voel me zo aangedaan en krijg er kippenvel van. Ik denk bij mezelf: Wat heerlijk dat wij zo'n volk zijn. Er zijn bij ons geen tegenstellingen; oudjaar is van iedereen, het kent geen etnische groepering, geen politieke kleur, ach wel nee, ons volk mag roze zijn als het dat wil, maar ook blauw of groen, oranje, paars. Het geeft niet, je mag alles zijn. Niet geld maakt je rijk, maar de wijze waarop jij met anderen kunt samenleven en zonder dat we het beseffen, doen wij dat!

Dit geweldige feest waar tientallen duizenden mensen aan meedoen en dat geen wanklank kent, stopt abrupt om elf uur. En *believe it or not…* binnen een half uur, is de hele omgeving leeg. Op een paar blonde stagaires na die verloren aan tafeltjes bij 't Vat zitten, is er niemand meer. Waar zijn alle Surinamers? Naar huis! Want elke Surinamer is ervan overtuigd dat hij om twaalf uur in het EIGEN HUIS moet zijn om de EIGEN pagara af te schieten en even met de EIGEN familie in bezinning te gaan. Je moet immers altijd aan je EIGEN familie het allereerst Happy New Year wensen. Om twaalf uur is het een oorverdovend lawaai, horen en zien vergaat je en van overal zie je lichtflitsen. De stad is in een dikke rookwolk gehuld.

Als je je familie Happy New Year wenst, kunnen ze je niet horen, maar dat geeft niet; iedereen kan op dat moment liplezen. Nadat dat gebeurd is, de glazen hebben geklonken, de champagne is gedronken, de versnaperingen zijn gegeten, gaan de jongeren zich opfrissen en schone kleren aantrekken. Het is nu immers nieuwjaar en je moet het nieuwe altijd schoon en fris beginnen! Ze gaan daarna meteen weer de straat op voor de volgende feesten, maar ik ben uitgeput en ga gauw naar bed. Ik moet een paar uur kunnen slapen, want ik weet dat zodra de zon opkomt alle Chinese winkels de langste en hardste pagara's zullen afschieten.

Maar voor mij is het nu genoeg. Tot volgend jaar weer! – C.

Eten

We zouden geen echte Surinaamse vrouwen zijn als we geen stukje over eten zouden schrijven. Want Surinamers eten graag en altijd.

De eerste keer dat ik op vakantie kwam in Suriname heb ik pas goed meegemaakt welke rol eten speelt. Iedereen bij wie je op bezoek komt heeft uitgebreid gekookt. Algauw realiseerde ik me dat ik niet meer dan twee familiebezoekjes per dag moest afleggen, omdat niemand het leuk vindt als je weigert. Door de geschiedenis heen is Suriname een smeltkroes van verschillende culturen geworden. Dit heeft ook invloed gehad op de keuken van Suriname en ervoor gezorgd dat deze zeer divers en heel smakelijk is.

De gerechten komen uit net zoveel landen als de mensen zelf. China, Indonesië, Afrika, India en Nederland. En het is bekend dat arme volken juist zeer gevarieerde, culinaire specialiteiten hebben. Van weinig kan men iets heerlijks klaarmaken.

Al die verschillende etnische groeperingen hebben van elkaar dingen overgenomen. Ik maak net zo makkelijk petjil als roti en voor een moksi-alesi draai ik ook mijn hand niet om. Net zoals in bijna elk ander gezin in Suriname. Een roti, bami of ander gerecht smaakt in geen enkel ander land zoals het in Suriname smaakt. En er zijn zoveel verschillende gerechten dat ik denk dat je een jaar in Suriname kunt wonen en elke dag iets anders kunt eten.

Als je opgegroeid bent in Nederland, dan blijft het moeilijk om 's morgens de rijen al bij de rotishop te zien staan voor hun ontbijt. Wat ik wel heel prettig vind is dat je in Suriname tussen de middag warm eet. Hoewel het niet ongebruikelijk is om meerdere keren per dag warm te eten. Een gewone Surinaamse maaltijd bestaat meestal uit rijst met kip, varkensvlees, rundvlees of vis en groente. Wat ook veel gegeten wordt, is brafu. Dikke maaltijdsoepen die gemaakt worden van aardvruchten zoals cassave, napi of Chinese tajer, met vlees, vis en groente. O ja en elke echte Surinaamse man pleegt een moord voor een stevige bruine bonen met rijst en zoutvlees. Ook met eenpansgerechten zoals moksi-alesi win je hun hart. – H.

Maar het gerecht dat het altijd goed doet is pom. Men zegt dat pom van oorsprong een joods gerecht is, maar joden elders kennen geen pom, alleen in Suriname kent men dit unieke gerecht. Vermoedelijk is het verhaal zo: Portugese joden kenden een gerecht dat gemaakt werd van aardappelen en vlees in de oven. In Suriname waren er geen aardappelen. Ze zijn toen daarvoor gaan gebruiken die knol die wel te vinden was: de tajer. Om de smaak van de geraspte of gemalen tajer te verbeteren werd er sap van zuur oranje aan toegevoegd. Dat is nog steeds het basisingrediënt voor pom. De naam zal wel komen van het Portugese Põa of Pon. In de taal van de slaven heette het pon en dat is vertaald naar het Nederlandse pom.

In de creoolse keuken is goed te merken wat vroeger slavengerechten waren en welke gerechten door de meesters gegeten werden. Dat waren gerechten met veel ingrediënten zoals pom, pastei en gebak als fiyadu en boyo. De slaven deden het met heriheri, moksi-alesi en anitri-beri. Merkwaardig is dat de slavengerechten gepromoveerd zijn en nu tot de exclusieve gerechten behoren. – C.

Pom wordt heel vaak op verjaardagen of bijzondere feestdagen klaargemaakt. Maar als je het gewoon wilt eten, kun je bij een van de vele broodjeswinkels een broodje pom bestellen. Een heel lekker adres is de broodjeswinkel Combé Bazaar aan de Kleine Combéweg, waar je behalve een broodje pom ook een broodje zoute vis, een broodje kerrie-ei en een broodje tempé kunt halen.

Nog even een waarschuwing: we houden in Suriname erg van pittig eten, dus bij alles wat je bestelt vraagt men: 'Met zuur en peper?' Voorzichtig met peper, want onze a-gi-uma-nen en madam jeanette zijn heel scherp.

Uit eten gaan is redelijk goedkoop in Suriname. Hoewel veel Surinamers liever snel wat halen komt de gang naar het restaurant steeds meer in trek.

Bijvoorbeeld Joke's Crabhouse aan de Gemenelandsweg in de wijk Uitvlugt. Vanuit de keuken wordt er naar me geroepen dat hij er aankomt. Walther Muringen is kok en eigenaar van Joke's Crabhouse. In een enorme ruimte achter het restaurant weegt hij een hoeveelheid krabben af die hij in een grote wok stopt waar al van alles in ligt te sudderen.

De geur die opstijgt is hemels en doet het water in je mond lopen.

'Een bestelling,' zegt hij terwijl hij met een grote schep in de pan roert. 'Krabben in gembersaus, ze komen het zo ophalen.'

Als je langs het restaurant rijdt, zul je niet zomaar naar binnenstappen. De aankleding ziet er een beetje sjofel uit met kleine houten stoeltjes en tafels waar een gebloemd plastic zeil opligt. Maar het eten is goed. De specialiteiten zijn de krabben die in verschillende sauzen worden klaargemaakt.

'We komen uit een kookgezin. Mijn moeder is in de jaren 60 begonnen om Surinaams eten aan de man te brengen. Dus thuis was het altijd koken, koken, koken.

'Krabben eten,' zegt hij is een sociale activiteit. 'Het gezelligste is als je het met een groep samen doet zoals de gasten die hier vanavond zijn. Zij hebben alle smaken besteld. Kerrie, gember en knoflook. Om krabben te eten moet je je tijd nemen. Je bent er urenlang mee bezig, als je ermee klaar bent, prikt je mond overal van binnen, want die schalen prikken, maar het is wel heel gezellig.'

Terwijl de krabben doorsudderen loopt hij naar de grote tafel op het terras waar zo'n zestien mensen zitten. Hij deelt plankjes en hamers uit en bindt bij sommige gasten de schorten om. 'Wie wil er wat drinken?' vraagt hij en rent terug naar de keuken. Om even later terug te komen en de bestellingen op te nemen.

Ondertussen is de krab in knoflooksaus en in gembersaus klaar om geserveerd te worden. Walter schept de borden op en loopt met zijn handen vol het restaurant binnen. 'Ik heb vandaag ook moksi-alesi gemaakt. Hebt u dat wel eens gegeten?' vraagt hij aan de groep. 'Nee? Ik breng een beetje, dan kunt u het proeven.'

Natuurlijk is het ene restaurant lekkerder dan het andere. Iedereen heeft zo zijn voorkeuren. Ik ben dol op 'San yu wani' bijvoorbeeld, een Chinees restaurant aan de Geministraat.

Eigenlijk heet het geen San yu wani maar wij noemen het restaurant zo, omdat de eigenaar geen woord Nederlands sprak en nauwelijks Surinaams. Jarenlang als je binnenkwam zei ze niets anders dan San yu wani (Wat wil je?).

Het restaurant staat in een groot gebouw van zeker drie verdiepingen en bestaat uit verschillende kamertjes. Het gekke is dat als wij er gaan eten, zeker één keer per week, we bijna nooit andere gasten zien. We speculeren wel eens dat er misschien 's avonds allemaal matrasjes tevoorschijn worden gehaald voor Chinezen die illegaal in Suriname zijn. Want hoe is het mogelijk dat er altijd vers eten is en nooit klanten.

*Openingstijden: dinsdag t/m zondag 11.00-15.00 uur en 19.00-23.00 uur.*

Helemaal aan het andere einde van de stad, in Uitvlugt aan de Virolastraaat 61, heb je Garden of Eden. Thais eten in een atmosfeer die je bijna nergens in Suriname vindt. Garden of Eden was vroeger een tuincentrum en is een jaar geleden omgebouwd tot een restaurant. Alan Hazel, de eigenaar die verantwoordelijk is voor de smaakvolle inrichting heeft speciaal voor het restaurant koks uit Thailand laten komen. 'Mijn neef was in verband met zijn werk in Thailand en die heeft me op deze koks attent gemaakt. Dat kwam mooi uit want wij waren zelf al op zoek gegaan.'

Hij noemt zichzelf een wereldburger die overal op de wereld gewoond heeft. 'Tien jaar geleden ben ik teruggekomen naar Suriname. Diep in mijn hart wilde ik een restaurant en mijn moeder, die al vijftien jaar Thais kookt, zei: 'Waarom geen Thais restaurant?'

Inmiddels is hij nu een jaar verder en doet hij goede zaken met Garden of Eden. Achter in de tuin van het restaurant zijn er in bamboehutten tafels geplaatst. Bij mooi weer kun je ook onder de sterrenhemel zitten.

In de keuken waar je vanaf de tuin gewoon naar binnen kunt kijken zijn de koks druk bezig met het bereiden van de gerechten. Af en toe is er een flinke steekvlam en het aroma dat uit de keuken komt doet je watertanden.

Alan loopt met een blad vol kleine schaaltjes naar het achterste gedeelte van de tuin, waar een groep van 35 mensen zit.

'Een Hindoestaanse verjaardag,' zegt hij. 'Wel bijzonder, want dit is een groep die ik moeilijk kan bereiken. Ze zijn zo gewend aan hun eigen keuken.

'Dat geldt trouwens voor de meeste Surinamers. Ze eten graag wat ze kennen en de Thaise keuken is nieuw voor ze. Ik bied ze dan vaak groente aan die ze kennen maar dan op zijn Thais klaargemaakt. Aan hun gezichtsuitdrukking zie ik bij de eerste hap al meteen dat ze het lekker vinden.'

Voor het restaurant wordt alles gewoon in Suriname gekocht. 'Er zijn een aantal kruiden die ik uit Thailand moet halen zoals lemonleaf, de Thaise chili en gember. Verder koop ik alles gewoon hier.'

Tijdens bijzondere feestdagen zoals de Dag der Vrijheden of de Dag der Inheemsen op 9 augustus kun je in de Palmentuin ook specifieke marron- of inheemse gerechten kopen. Drink niet teveel kasiri, want dat is heel sterk.

We zouden pagina's lang kunnen doorgaan, maar dat

doen we niet. Want eten, daar moet je niet over lezen maar dat moet je doen. Zeker in Paramaribo. – H.

*Openingstijden: dinsdag t/m zondag 11.00-15.00 uur en 18.00-23.00 uur.*

*Oudjaar begint in Suriname altijd eerst met het afschieten van Pagarra's*

*Het hele gezin doet mee met het feest op oudjaar*

## *Feesten*

Het uitgaansleven in Suriname concentreert zich natuurlijk niet alleen op de hoogtijdagen zoals bijvoorbeeld Owru-yari. Nee, Surinamers weten heel goed wat feesten is en we zijn in staat om van elke gelegenheid een feestje te maken.

Als je in Suriname bent en je hebt de gelegenheid een kotodansi mee te maken, dan zou ik de mogelijkheid met beide handen aangrijpen. Mijn tante gaf vorig jaar een kotodansi. Ze werd zeventig jaar en al maanden was de familie bezig het feest te organiseren.

De kaart maakte duidelijk wat er van je verwacht werd. Onder de uitnodiging stond: *Doet u de jarige geen verdriet, kom zoals ze u het liefste ziet*. In koto dus.

De uitnodiging was ook voor vrienden die op vakantie in Suriname waren. Onder het motto 'Hoe meer zielen hoe meer vreugd' kregen ze wat adressen in hun handen geduwd waar ze voor de feestavond een koto konden huren. Want het is nu eenmaal zo dat je een echte kotodansi pas meemaakt als je zelf in vol ornaat verschijnt.

De koto is de traditionele klederdracht van de creoolse vrouw en vindt haar oorsprong in de tijd van de slavernij. Nu wordt de koto vooral gedragen tijdens feestelijke gelegenheden, zoals verjaardagen, de viering van 1 juli en onafhankelijkheid en een heel enkele keer zie je wel eens een bruid in een prachtige witte koto, een trouwkoto.

De bijbehorende hoofddoek, de angisa, wordt op verschillende wijze gebonden, vertelt tante Irene die al jaren de kunst van het binden van de hoofddoeken beheerst. Soms bij speciale gelegenheden zie je haar de hele dag met spelden in haar mond zitten, druk bezig met het vouwen van de hoofddoeken. Aan de waslijn buiten hangen de bijna tot karton gesteven doeken in de zon te drogen. 'Als ik angisa's moet binden,' zegt ze, 'was en stijf ik ze liever zelf. De jeugd van tegenwoordig weet niet meer hoe ze goede gomma (stijfsel gemaakt uit cassave) moeten maken. En met slappe doeken kan ik niet veel.'

Ze laat verschillende voorbeelden van de angisa zien zoals de proysi-ede, een hoofddoek met lint afgewerkt en aan de achterkant een rozet. De fransi-ede, afkomstig uit de Franse gebieden en de 'pawtere', de pauwenstaart. De verschillende bindwijzen dragen ook een geheime taal, omdat in de tijd van de slavernij op deze manier berichten werden doorgegeven. Zo is er de hoofddoek met een punt, die zegt: 'Wacht me op de hoek', weer een andere bindwijze betekent 'Loop naar de pomp'of 'Let them talk' (laat ze maar kletsen).

In haar eigen voorraad zitten heel bijzondere hoofddoeken. Bijvoorbeeld de hoofddoek die ontworpen is in 1963 ontworpen vanwege het feit dat honderd jaar geleden de slavernij afgeschaft was. Op een rode ondergrond zie je het wapen van Suriname en handen die kettingen kapot trekken. Het ontwerpen van hoofddoeken voor bijzondere gelegenheden gebeurt nog steeds. Zoals bij de culturele vereniging NAKS die zestig jaar bestaat en speciaal voor deze mijlpaal een angisa heeft ontworpen. Ook de Noorderstadkerk heeft haar honderdjarig bestaan vast laten leggen in een hoofddoek.

Voor de kotodansi van mijn tante mag ik kiezen welke koto ik aandoe. Een echte koto of een moderne koto (motyokoto). Natuurlijk ga ik voor het hele pakket, de echte koto ook de bigikoto genoemd.

Tante Irene helpt me bij het dragen hiervan. Dat is een hele klus. Er wordt aan je getrokken en gesjord tot alles goed op zijn plaats zit.

Je begint eerst met een onderhemd die aan de voorkant heel mooi en fleurig is geborduurd. Daarna een halve onderrok van katoen, de zogenaamde saron, die je ook vastmaakt met bandjes om je heen.

Daar bovenop komt de hard gesteven katoenen grote onderrok, die haast even lang en wijd is als de originele bovenkoto. Deze noemt men koto ondrokoto. De onderkant van deze koto ondrokoto is heel mooi geborduurd, vooral bij de zoom, zodat je bij het dansen je bovenste koto iets hoger kunt opnemen om anderen te laten zien hoe mooi je ondrokoto is. Dan krijg ik ook een koy (komt van het Franse queu), een soort bochel die de koto extra wijd doet uitstaan. Die is meestal gemaakt van stro, omdat het heel licht moet aanvoelen.

Het stro is in een doek tot een langwerpig smal kussen gevormd en wordt op mijn rug op de ondrokoto vastgemaakt met bandjes.

'Hou je handen omhoog,' zegt tante Irene als ze een meterslange stijf gesteven rok van de bigi koto over mijn hoofd naar beneden laat vallen. Met wat repen stof bindt ze de koto om mijn middel vast en de overtollige lengte wordt weggewerkt in een overhangende vouw. 'Dit is heel precies werk, want de rok moet recht hangen,' zegt ze. Op sommige plekken trekt ze de koto iets omhoog en op andere plaatsen juist naar beneden.

Ondertussen draai ik om mijn as, zodat ze goed kan kijken of alles netjes hangt. Pas als ze tevreden is, haalt ze de yaki tevoorschijn, het jasje dat bij de koto hoort. Dat is meestal in de dezelfde kleur of in elk geval passend bij de rok, die door de stijfheid ook helemaal uitstaat. En als *final touch* komt er nog een bijpassende schouderdoek en wordt er aan de zijkant van mijn koto een in een driehoek gevouwen grote zakdoek vastgemaakt.

Met de bijpassende kralenkettingen en natuurlijk mijn angisa ben ik helemaal klaar voor het feest. En het grappige is dat als je dan eenmaal die koto aanhebt, onderga je een totale metamorfose. Je voelt je een ander persoon.

Dat effect is ook merkbaar op de dansvloer. Doordat je na het dragen van een koto bijna twee maal in omvang bent toegenomen, zou je denken dat je de elegantie hebt van een Michelin-mannetje. Het tegendeel is waar. Met minimale bewegingen heb je als je een koto aanhebt maximaal effect. Elke beweging die je maakt, wordt uitvergroot.

Het voelde dan ook geweldig, toen ik midden op de dansvloer omringd door misschien wel tweehonderd andere kotomisi's opging in de bigipoku. De kotodansi is iets van vrouwen. Af en toe waagde een man zich ook op de dansvloer, hij was gekleed in een druk overhemd om niet volledig in het niet te vallen bij de koto's, maar hij mocht geen enkele vrouw aanraken. Deed hij dat wel, dan was hij in overtreding en kwam er van alle zijden een luid geroep. Alle dames waren gekleed in koto's in de mooiste kleuren en hadden duidelijk de tijd van hun leven. Maar het mooiste was mijn tante, die zich niet liet opzwepen door de muziek maar heel rustig en beheerst in het midden van de zaal stond en in haar bordeauxkleurige kanten koto met bijpassende angisa haar verjaardag vierde.

Een kotodansi wordt meestal georganiseerd als je bigiyari bent geworden. Een rond getal zeggen ze in Suriname: vijftig, zestig, zeventig, tachtig enz. jaar. En elke leeftijd heeft een speciale kleur. Goudgeel staat voor vijftig, lichtpaars of lila voor zestig en bordeaux met crème is zeventig.

Er wordt gedanst met een liveband die uitsluitend kaseko-muziek of bigipoku speelt. Ook als je niet meedoet, is het een feest om naar te kijken.

Tijdens de nationale feestdagen zoals op 1 juli en Srefidensi, Onafhankelijkheidsdag, kun je overal in de straten de kotomisi's zien rondlopen. De een nog mooier dan de ander.

De kotodansi is heel bijzonder als je dat kunt meemaken, maar er gebeurt natuurlijk nog veel meer in Suriname dat ook de moeite waard is. Zoals een bezoek aan Theater Thalia, dat dit jaar honderdzeventig jaar bestaat.

Het enige theater van Suriname staat in de Nassylaan. Regelmatig worden hier dans- en theatervoorstellingen gehouden.

Twee keer per jaar tover ik samen met Eddy Wijngaarde Theater Thalia ook om tot een bioscoop. In april voor het internationaal speelfilmfestival en in december voor het internationaal documentairefestival. Behalve films kijken is er ook een festivalcafé waar je na de film gezellig kunt napraten.

Deze activiteiten worden georganiseerd door The Back Lot, een organisatie die Eddy Wijngaarde samen met mij in 2002 heeft opgericht. De festivals worden ondersteund door IDFA in Amsterdam en IFFR in Rotterdam. Het feit dat Thalia omgebouwd moet worden tot een filmzaal heeft alles te maken met het feit dat er op dit moment geen bioscoop meer in Suriname is. Gelukkig komt hier verandering in, want op initiatief van The Back Lot wordt er nu een multiplex gebouwd waardoor Suriname weer op de filmkaart wordt gezet.

Wie kan zingen of denkt dat hij kan zingen kan naar Rumours in hotel Krasnapolsky. Elke vrijdagavond kun je daar actief of passief meedoen met een jamsession. Iedereen die een instrument kan bespelen of kan zingen mag het podium betreden. De band Time Out weet werkelijk alle nummers te spelen en zet in op jouw verzoek. Iedereen die meedoet krijgt applaus. De ene keer voor de durf die je hebt weten te tonen en de andere keer omdat er werkelijk een talent op het podium heeft gestaan.

Genoeg vertier verder in de vorm van discotheken zoals Millennium, The Place where it all happens, volgens de radiocommercial. Hier staat de nummer 1-dj van Suriname vaak achter de knoppen: dj Mario. Of Stars, net tegenover hotel Torarica, die regelmatig bekende dj's over de vloer hebben.

Dat het steeds beter gaat met Suriname is volgens mij te merken aan de grote investeringen die er op uitgaansgebied worden gepleegd. Zoals de laatste aanwinst Suit, een evenementencomplex met voor elk wat wils: twee discotheken en een kleine bioscoop en een restaurant. De eigenaar, Ballie, heeft op uitgaansgebied zijn sporen ruimschoots verdiend met discotheek Touche die hij ook in moeilijke tijden open heeft weten te houden.

Bovenstaand relaas is natuurlijk geschreven door Hennah, die nog jeugdig genoeg is om elk weekend en ook door de week te feesten. Mij krijg je beslist niet in een disco, maar aan een kotodansi doe ik graag mee. Ik heb vele malen een kotodansi meegemaakt en er zelf ook ettelijke georganiseerd, vooral in de periode toen ik in het buitenland woonde. Op deze manier kon ik iets typisch Surinaams naar voren brengen, bijvoorbeeld voor de Belgische koningin Fabiola. Ik ben het helemaal eens met Hennah: als je een koto aan hebt, word je meteen een ander mens. Je kunt niet anders dan je heel gracieus en zelfs koninklijk bewegen. Volgens sommige verhalen zou de koto ontstaan zijn, omdat de vrouwen van de slaveneigenaars jaloers waren op de mooie slavinnen. Ze bedachten deze dracht die bedoeld was om alle vrouwelijk schoon te verhullen. Geen borsten zichtbaar, geen taille, geen benen. Het effect was echter averechts, want wat verhuld is, wordt juist verleidelijk.

Hennah heeft al verteld over de angisa's, waarvan de stof meestal een speciaal ontwerp is. Maar ook over de naam is goed nagedacht. De naam is vaak een odo, een Surinaams spreekwoord. In het Sranan, de meest bekende nationale taal van Suriname, zijn er heel veel odo's. Het is moeilijk om een odo te vertalen, want net zoals bij spreekwoorden en gezegden is de betekenis veelal overdrachtelijk.

Bij het overgaan naar het nieuwe millennium ontwierp de koto en angisa-expert Christine van Russel-Henar de millennium-angisa waarop alle belangrijke facetten van Suriname in de 20e eeuw waren afgebeeld. Als naam kon ik haar een zeer toepasselijke odo suggereren.

En met deze waarachtige odo zullen wij dit boek besluiten:

*Un odo e taki so:*
*'!Mi na Sranan: Ala sma e bari fa mi bita, Ma te den bere hati den, na mi den e kon.'*
(Vertaling: Onze odo luidt zo: Ik ben Suriname. Iedereen roept dat ik bitter ben, maar als ze buikpijn hebben, komen ze toch allemaal naar mij.)

Hennah Draaibaar en Cynthia Mc Leod

*Kotomisi op weg naar kotodansi*

*Hennah Draaibaar en Cynthia Mc Leod op de* Sweet Merodia, *de boot waarmee Cynthia historische rondvaarten verzorgt*

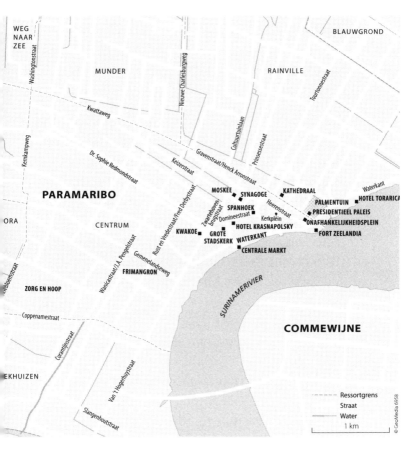

*Het centrum van Paramaribo (kaart: GeoMedia, Utrecht)*

*Colofon*

*Paramaribo – Stad van harmonische tegenstellingen* van Hennah C. Draaibaar en Cynthia Mc Leod werd in opdracht van uitgeverij Conserve te Schoorl gezet door 508 Grafische Produkties bv te Landgraaf in de Apolline corps 11/15 punts en gedrukt door drukkerij Hooiberg in Epe.
    Foto's omslag en achterzijde: Hester Jonkhout.
    Foto's binnenwerk: Luzmila Samson.
    Vormgeving: Jeroen Klaver, Shamrock International.

1e druk: juni 2007

UITGEVERIJ CONSERVE

Postbus 74, 1870 AB Schoorl
E-mail: info@conserve.nl
Website: www.conserve.nl